AF274241

Preparación al examen

Transcripciones y
Respuestas explicadas

Especial
DELE C1
Curso completo

Curso y modelos
de examen:
Rosa María Pérez
Leonor Quintana

edelsa

1ª edición: 2025

© Edelsa, S. A. Madrid, 2025
© Autoras: Rosa M.ª Pérez, Leonor Quintana

Equipo editorial
Coordinación editorial: Alicia Iglesia
Edición: Pilar Justo
Diseño de cubierta y de interior: Carolina García
Maquetación interior: Alfredo Martín y Estudio Grafimarque, S.L.
Edición digital: Eva Gómez
Corrección: Carlos Miranda de las Heras, Natalia García y Lola Mesa
Locución y edición de audio: Alta Frecuencia y Bendito Sonido
Las locuciones en las que aparecen personajes famosos son adaptaciones de entrevistas reales.
Sin embargo, las voces son interpretadas por actores.

ISBN: 978-84-9081-663-9
Depósito legal: M-10135-2025

Impreso en España/*Printed in Spain*
- Las normas ortográficas seguidas en este libro son las establecidas por la Real Academia Española en su última edición de la *Ortografía*.
- Reservados todos los derechos. El contenido de esta obra está protegido por la Ley, que establece penas de prisión y/o multas, además de las correspondientes indemnizaciones por daños y perjuicios, para quienes reprodujeren, plagiaren, distribuyeren o comunicaren públicamente, en todo o en parte, una obra literaria, artística o científica, o su transformación, interpretación o ejecución artística fijada en cualquier tipo de soporte o comunicada a través de cualquier medio, sin la preceptiva autorización.

PAPEL DE FIBRA
CERTIFICADO

ÍNDICE

TRANSCRIPCIONES

EXAMEN 1. Educación y formación

Pista 1. Tarea 1, p.28

Los idiomas en el ámbito laboral

Desde las décadas finales del siglo XX y en los años ya transcurridos del actual siglo XXI, el mundo laboral ha evolucionado constantemente. Esta transformación es consecuencia de las características que definen el actual modelo social y económico: avance tecnológico de los sistemas de información y comunicación e internacionalización del proceso de producción, dos aspectos clave que conllevan la globalización de los mercados de trabajo y la creciente movilidad laboral.

Imaginemos brevemente una tópica línea *cronológica* en la creación y producción de un nuevo modelo de calzado deportivo. El producto, solicitado por una empresa con sede en París, tal vez haya estado diseñado en una ciudad del noroeste de España. La compañía, para su comercialización internacional, bien pudiera tener un centro logístico en los Países Bajos que recibe desde la factoría del norte de Italia el producto acabado y listo para su distribución. En este imaginario producto, por añadirle entidades lingüísticas que colaboran en la producción, las colas y los tintes podrían proceder de alguna empresa alemana del sector químico, y la piel, de empresas de curtido con sede en Marrakech. En este recorrido ya hemos puesto en contacto personas con diversos idiomas maternos: francés, español, italiano, holandés, alemán, árabe, y con un idioma vehicular común, que indudablemente sería el inglés. Pero, además, la empresa decide realizar una importante campaña de publicidad, para lo cual qué mejor lugar para filmar el anuncio de televisión que una selva tropical de Indonesia.

En el ejemplo que se expone queda patente la importancia del estudio y conocimiento de un segundo idioma para garantizar la mejora en la competitividad de las empresas, la necesidad de la coordinación de los procesos industriales y la participación y posicionamiento de todo tipo de compañías en los mercados internacionales.

En las candidaturas a nuevos empleos y en la presentación de los *curriculum vitae* de los aspirantes, el conocimiento de una segunda lengua acostumbra a ser uno de los puntos determinantes de la decisión. Cada día son más solicitados, junto con la presentación del *curriculum vitae*, los certificados de competencias lingüísticas, documentos oficiales que acreditan el nivel de idiomas que posee una persona.

Previo al ámbito laboral, cabe citar también la necesidad del conocimiento de un segundo idioma en el ámbito académico universitario. Del mismo modo, es necesario para profundizar en el estudio de cualquier materia, y ya no solo en las que tradicionalmente se utilizaba el inglés, tales como Ingeniería, Telecomunicaciones, Medicina, Arquitectura, Economía, Dirección y Administración de Empresas, Turismo y Restauración, etc., sino en las de ámbito humanístico y cultural.

El abanico de las denominadas *nuevas profesiones* es muy amplio, y también en ellas se hace patente la necesidad de conocimiento de una segunda lengua. Qué mejor atención a la inmigración proveniente del norte de África que una persona con conocimientos de árabe y de francés, que pueda comunicarse y entender las necesidades de estos grupos que llegan a un territorio o a un país del que desconocen su lengua, sus costumbres, sus instituciones, etc. En estos casos, el conocimiento de una segunda lengua vuelve a convertirse en el elemento *diferencial* que antes mencionaba.

Haber residido un tiempo en un país extranjero y aprender su lengua supone tener una mentalidad más abierta, más creativa, más preparada también para afrontar nuevos retos, supone una mayor disponibilidad de recursos para afrontar situaciones complejas por la sencilla razón de que saber otro idioma es, la mayoría de las veces, el primer paso para entender el universo cultural de las personas con quienes nos relacionamos.

Adaptado de www.educaweb.com

Conversación 1
Abuela: ¿Qué tal, Jaime? ¿Cómo le ha ido al niño en su primer día de colegio?
Padre: ¡Ah, muy bien! Le ha costado un poco levantarse, pero ha ido muy contento y no ha llorado nada. Como ya estaba acostumbrado a ir a la guardería, pues…
Abuela: ¡Pobre! Creo que los enviáis demasiado pronto. Siendo tan pequeños deberían estar en casa y al cuidado de su madre hasta los cinco años, por lo menos.
Padre: Mamá, eso era antes, cuando las madres no trabajaban y éramos más hermanos y siempre había alguien con quien jugar. Pero ahora no es así. Además, hay que reconocer que lo bueno de la educación preescolar es que los niños aprenden a sociabilizar con otros niños.
Abuela: Tonterías. Eso son excusas. ¿Quién va a educar a un niño mejor que sus padres?
Padre: Mira, los expertos en educación dicen que los niños deben estar escolarizados a la edad de tres años.
Abuela: Sí, claro, por eso luego son tan problemáticos y hay tanto fracaso escolar como dicen.
Padre: Mira, mamá, vamos a dejarlo. Su madre y yo pensamos que es lo mejor para él.
Abuela: Haced lo que queráis, que para eso sois sus padres, pero el niño estaría mucho mejor en casa. Ya os dije que yo me ofrecía a cuidarlo por las mañanas.
Padre: Sí, viendo la tele todo el rato…
Abuela: ¿Qué quieres decir con eso? Que sepas que yo os enseñé a ti y a tus hermanos a leer y a escribir antes de que fuerais al colegio.
Padre: No te enfades, mamá, pero la vida ha cambiado mucho y no se trata solo de eso. En el colegio aprenden también otras cosas: se relacionan, comparten, fomentan su creatividad, mejoran su movilidad jugando.
Abuela: ¡Bah! Lo que pasa es que ahora las parejas tienen pocos hijos. Antes todo eso y más se hacía con los hermanitos.
Padre: Puede que tengas razón. No lo sé, pero ahora no se puede educar a un niño como en el siglo pasado. Además, Laura no puede permitirse dejar el trabajo.
Abuela: Pobrecitos míos. Vaya futuro les espera.

Conversación 2
Mujer: Hola, buenas tardes.
Hombre: Buenas tardes. ¿En qué puedo ayudarla?
Mujer: Buscaba un libro para regalar a un joven por su cumpleaños.
Hombre: ¿Y qué tipo de libros le gustan? ¿De aventuras, de viajes, biografías? Acabamos de recibir la obra completa de García Lorca en edición juvenil y con fantásticas ilustraciones, si quiere verla…
Mujer: ¡Uy! Me temo que la poesía… Creo que preferiría algo más actual.
Hombre: A ver. Sí, creo que tengo lo que busca. Mire, aquí lo tiene, *La hora del vampiro*, de Stephen King. Está teniendo muchísimo éxito.
Mujer: No, no. Nada de novelas de terror con vampiros y animales que se desangran, no. ¡Qué horror! Todas esas me parecen un rollo.
Hombre: Quizá prefiera algo de intriga y de suspense, algo tipo novela policíaca. Veamos, ¿qué le parece esta?
Mujer: ¿A ver? *El príncipe de la niebla,* de Carlos Ruiz Zafón. Puede ser interesante, pero no la conozco. ¿De qué trata?
Hombre: Pues verá, es la primera novela que escribió para jóvenes y fue un rotundo éxito. Obtuvo además el Premio Edebé y se ha traducido a muchos idiomas.
Mujer: Ya, pero ¿cuál es el argumento del libro?
Hombre: Ya hace que lo leí, pero recuerdo que trata de una familia que durante la II Guerra Mundial se traslada de lugar huyendo de la guerra y se instala en una nueva casa que perteneció a una rica familia cuyo único hijo murió ahogado en extrañas circunstancias. La novela está llena de intriga y su desenlace es sorprendente.
Mujer: ¿Y usted cree que le gustará?
Hombre: Seguro que sí. Hemos vendido muchísimos ejemplares y, casi todos, a gente joven.
Mujer: Pues genial. Creo que me lo llevo. ¿Me lo envuelve para regalo, por favor?

Hombre: ¡Cómo no!

Mujer: Oiga, ¿y si ya lo tiene? ¿Podría cambiarlo?

Hombre: Sí, claro, siempre que traiga el comprobante de compra y no haya abierto el precinto.

Mujer: Muy amable. Muchas gracias.

Hombre: Aquí tiene. Gracias a usted.

Conversación 3

Hombre: Consultoría Tu vocación, ¿en qué podemos ayudarle?

Mujer: Mire, tengo una hija de 17 años y este año acaba los estudios. Dice que quiere seguir estudiando, pero, cuando le pregunto qué quiere hacer, cada día me responde una cosa diferente.

Hombre: Eso es normal. A esas edades pocos son los jóvenes que han descubierto su verdadera vocación. Por eso estamos nosotros aquí, para ayudar a las familias y a los propios interesados en una decisión tan importante para su futuro.

Mujer: ¿Y en qué consiste ese test que anuncian?

Hombre: Pues verá. El test se divide en tres etapas o pasos: el primero es de autoconocimiento a través del cual se ven los intereses, habilidades y aspectos de la personalidad de los jóvenes relacionados con las profesiones, el segundo es para descubrir su auténtica vocación y un tercero de evaluación de carreras para que sepan qué exigencias van a encontrar.

Mujer: Ya, comprendo… ¿Y tendría que realizarlo en sus oficinas? Pregunto porque vivimos lejos y no sé si…

Hombre: Lo que prefiera. Si tiene un ordenador con conexión a Internet en casa, le proporcionaremos una clave de acceso a nuestra plataforma una vez que haya formalizado la matrícula.

Mujer: Ya. ¿Y no hay ninguna entrevista personal? No sé… Me parece muy despersonalizado… No sé si una máquina…

Hombre: No, no, verá, hacer este tipo de cosas *on-line* es por su propia comodidad. Tenga en cuenta que muchas personas, como usted ha dicho antes, no tienen ni tiempo ni modo de trasladarse a nuestras instalaciones. Lo que sí que le digo es que, una vez que nuestro equipo de expertos haya elaborado el informe en base al test, le enviaremos los resultados y convocaremos a su hija a una entrevista personal. Ah, y por supuesto, atenderemos por teléfono a todas las dudas y consultas que puedan surgir… Si quiere, me va dando sus datos para…

Mujer: Eh, bien… Mire, voy a hablarlo primero con mi marido y con mi hija y les volveré a llamar.

Hombre: Sin problema. Cuando quiera, y ya sabe dónde estamos. Muchas gracias por su interés.

Conversación 4

Mujer: Buenos días.

Hombre: Hola. Vengo a matricularme en primero de Derecho.

Mujer: ¿Ha traído toda la documentación?

Hombre: Creo que sí, a ver, el impreso de matrícula cumplimentado y el justificante de pago del banco, una fotocopia de mi DNI, fotocopia compulsada de los resultados de la prueba de acceso y las fotos.

Mujer: Sí, bien. Está todo… Mire, en las fotos, tiene que escribir su nombre y apellidos al dorso. ¿Este otro documento?

Hombre: Es la fotocopia compulsada del título de familia numerosa. He leído en su página web que si somos familia numerosa podemos beneficiarnos de una reducción en el precio de matrícula. ¿No es así?

Mujer: Efectivamente.

Hombre: No sé si estoy equivocado, pero también he leído que no puedo matricularme de asignaturas sueltas.

Mujer: No. En primero es obligatorio matricularse del curso completo.

Hombre: Una pregunta: ¿Sabe usted si es posible hacer dos carreras al mismo tiempo?

Mujer: Sí, si es posible, pero solo se puede solicitar en septiembre adjuntando la certificación de tener aprobado el primer curso completo de los estudios que esté realizando en ese momento. ¡Ah! Y solo se le permite simultanear estudios siempre que haya plazas libres.

Hombre: Bueno, entonces al año que viene.

Mujer: Veo que no ha abonado las tasas por el seguro médico.

Hombre: No, es que no lo quiero.

Mujer: Lo siento, pero es obligatorio.

Hombre: ¿Y no puedo pagarlo aquí en secretaría?

Mujer: No, no se puede. Tiene que realizar un ingreso en efectivo en una de estas entidades bancarias y traer después el resguardo. Lo mismo que con la matrícula.

Hombre: Vale. Muchas gracias. Voy a ver si me da tiempo a hacerlo ahora mismo y volver aquí antes de que cierren.

Mujer: Adiós. Y recuerde que cerramos a la una y media.

Pista 3. Tarea 3, p. 30

La educación imaginativa (acento mexicano)

Entrevistador: Buenas tardes a todos y todas. Hoy nos acompaña Adriana Grimaldo, experta en promover la educación imaginativa. Adriana, si hablamos de educación imaginativa, podríamos pensar que es algo para los niños. ¿Qué hay de verdad en ello?

Adriana: Buenas tardes a todos. Para responder a esa primera pregunta, tenemos que saber que la imaginación tiene cinco fases que se desarrollan a lo largo de la vida: la somática, la mítica, la romántica, la teórica y la creativa. Y hasta la edad adulta no se tienen acumuladas esas cinco fases. Por lo que, cuantos más años se tienen, mayor es el potencial para imaginar.
El cometido de la educación imaginativa es que conozcamos cómo funcionan esas cinco fases para poder educarlas. Veamos, cuando somos bebés, estamos en la fase somática, eso significa que imaginamos desde el cuerpo. Por ejemplo, un bebé, que aún no habla, se comunica fabulosamente usando los gestos, los sentidos, las sensaciones… En todo eso se manifiesta la imaginación. Más tarde, cuando empieza a hablar, desarrolla la imaginación mítica, cuya característica especial es que contiene mucha fantasía, mucha libertad mental, muchas historias...

Entrevistador: ¿Y eso se acaba en la adolescencia?

Adriana: Cambia, porque el adolescente vive en la imaginación romántica, es decir, en la fase tres, y necesita pasar por un duelo cuando descubre que el mundo no es lo que pensaba. La mente de la imaginación romántica va saltando entre el duelo del pasado y el augurio de un futuro muy distinto. Se imagina cómo será su futuro desde una mente sumamente egocéntrica, porque cree que sus experiencias son la realidad.
La cuarta fase, la teórico-filosófica, se da ya en una mente que ha reposado. Avanza desde la imaginación del cuerpo, trae las fantasías de la infancia, pasa por las experiencias de la adolescencia y está buscando callarse, porque ha entendido que no lo va a poder saber todo. Empieza a teorizar, a hacerse preguntas.

Entrevistador: ¿Y dónde busca las respuestas?

Adriana: En los libros, en las conversaciones, fuera de sí misma. Es una imaginación más nutrida, una mente que se ha abierto a buscar respuestas, porque sus experiencias no son suficientes.

Entrevistador: Es interesante esa idea de que la mente busca callarse, ¿no?

Adriana: Verás. La persona más imaginativa es la que ha sabido callar, porque ha escuchado lo que imagina el otro y ha sumado a su propio imaginario algo del imaginario de ese otro. Es la quinta fase de la imaginación adulta, la fase creativa. Es una imaginación más elevada, porque está llena de referentes externos a la propia mente. Al ser mucho más serena, es mucho más creativa.

Entrevistador: En el caso de los adultos, ¿podemos afirmar que los hay sin imaginación?

Adriana: En absoluto. Neurológicamente eso no es posible. Ahora lo que hay es una imaginación más educada. Por ejemplo, quienes residimos en Ciudad de México, que como todos saben es una zona donde se producen muchos terremotos, al oír una alarma sísmica salimos corriendo y lo hacemos porque nuestro cuerpo, desde el inconsciente, imagina el peligro. La imaginación es un mecanismo que tenemos también para sobrevivir.

Entrevistador: ¿Qué pueden hacer los adultos que piensan que no tienen nuevas ideas, que su imaginación se ha agotado?

Adriana: Abrirse a los otros. Salir del egocentrismo, que es un auténtico veneno para la imaginación, porque nuestro referente somos nosotros y nuestro mundo mental nada más. Y eso es tristísimo.
La imaginación, desde la teoría de Kieran Egan, habla mucho de la empatía, de la comunicación con el otro, del desarrollo de las habilidades sociales para mejorar tu propia imaginación.

Entrevistador: Y el que está en su sillón sentado, con la imaginación bloqueada, ¿qué puede hacer?

Adriana: Mover el cuerpo, porque la imaginación somática siempre tiene mucho que ver. El movimiento físico ayuda definitivamente a desarrollar las ideas, la creatividad. ¡Conversa, amplía tus referentes, sal al mundo!

Imagínate que tienes una casa de cinco habitaciones y cuando llegas del trabajo solo vas a la cocina, y luego pasas la tarde sentado en el mismo sillón de siempre, y al final del día te vas a dormir a la misma habitación pequeña, sin moverte por el resto de la casa… Si la casa es tu imaginación, no la estás ocupando.

Pues eso es lo mismo. Como adultos, nos quedamos en un rinconcito de nuestra casa, y ahí nos pasamos la vida. Pero si tenemos una imaginación educada, vamos a ocupar toda la casa, y seremos más creativos, e incluso más empáticos y entenderemos mejor la vida y el mundo. Y para educar nuestra imaginación, hay muchas herramientas: juegos, metáforas, historias, chistes y todo lo que recrea la vida mental de la infancia y la adolescencia.

Entrevistador: Interesante…

Adaptado de https://www.bbc.com

Pista 4. Tarea 4, p. 31

DIÁLOGO 1
– ¡Luisa! Me dijo tu hermana que estabas con el tema de la oposición. ¿Qué? ¿Has aprobado?
– ¡No me hables! Después de tanto esfuerzo, nada más sentarme, me quedé en blanco.

DIÁLOGO 2
– ¡Hola, Alberto! ¿Cómo vas? ¿Al final has podido estudiar todo el temario? Era larguísimo.
– La verdad es que me he quemado las pestañas, Pepe. Ni te cuento.

DIÁLOGO 3
– Marina, ¿al final te presentaste al examen de Lingüística? Es que yo, en esta convocatoria, no he podido. ¿Tú lo hiciste? ¿Cómo era?
– ¡Qué mala suerte! La verdad es que estuvo chupado. Algo impensable.

DIÁLOGO 4
– Perdona, Inés, es que ayer no pude venir porque tenía que resolver un asunto. ¿Qué dijo el profe? ¿Algo importante?
– Pues nada, al final de la clase nos dio las notas y nos avisó de que no nos durmiéramos en los laureles porque junio estaba ahí mismo.

DIÁLOGO 5
– Rocío, ¿sabes si han salido ya las notas de Física? Creo que las iban a publicar en la web de instituto, pero no he entrado todavía.
– Sí, sí. Las colgaron ayer mismo y ¡tengo matrícula de honor!

DIÁLOGO 6
– Jo, todavía no entiendo cómo Gema ha podido sacar esa nota después de todo.
– Sí, yo tampoco. Me dijo que se lo sabía al dedillo y ya ves.

DIÁLOGO 7
– Bueno, Fermín, lo tuyo es increíble. ¿Cómo se te ocurrió sacar la chuleta? ¿No recuerdas qué le pasó a Jorge por hacer lo mismo en Biología?
– Pero, María, ¿todavía no te has enterado de que *el melenas* siempre hace la vista gorda?

DIÁLOGO 8
– ¡Qué morro tienen algunos! Sobre todo los de la clase de Miguel.
– Es verdad, Miguel me ha dicho que se ha sacado el curso sin dar palo al agua.

DIÁLOGO 9
– ¡Vaya! Parece que al final tenemos profe nuevo en Dibujo Técnico. Creo que esta mañana, a primera hora, le ha dado clase a Bea.
– Sí. He hablado con ella y me ha dicho que es de los que les gusta que le hagan la pelota. Así que…

DIÁLOGO 10
– ¡Hola, Neus! ¿Te pasa algo? Te he visto esta mañana hablando con el tutor de vuestro grupo.
– Sí, me ha llamado a su despacho para decirme que no me puedo pasar las clases en las nubes.

Pista 5. Tarea 1, p. 32

Repensar la educación desde la diferencia

La educación o *paideia* se enfrenta en estos tiempos a un profundo proceso de transformación en el que se evidencia la presencia de nuevos referentes socioeducativos vinculados a los modos de realización de la cultura que ponen en tela de juicio el discurso educativo en relación a sus objetivos, fines y estrategias.

De acuerdo con este argumento, las prácticas pedagógicas generan una inquietante sensación de fracaso y, en consecuencia, el hecho de plantear la necesidad de un nuevo pensamiento pedagógico es evidenciar que en el campo educativo hay «verdades cuestionables». Es la idea misma de educación lo que se está cuestionando. Hoy en día, las verdades que consolidaron el pensamiento educativo en la modernidad se tambalean para dar paso a nuevos discursos e interpretaciones del hecho educativo. Preguntar por la escuela y el discurso pedagógico supone interrogar, también, al sujeto pedagógico. Preguntas como: ¿Quién educa? ¿Qué se enseña? ¿Para qué se educa? ¿Quién aprende? o ¿Qué se aprende?, parecen emerger como las interrogantes que toman por asalto el acto de educar, buscando otros sentidos, otros modos de pensar más allá de lo aprendido.

Asistimos a una brecha entre lo que se enseña en el espacio escolar y lo que parece reclamar la sociedad o la cultura de nuestro tiempo. Hay un desfase entre los saberes que se producen en la escuela y los que se requieren en un mundo competitivo, globalizado y cada vez más fragmentado. La modernidad trajo consigo un discurso centrado en la racionalidad del pensamiento para dominar la naturaleza, alcanzar el progreso y el goce de la felicidad. Era configurar al hombre nuevo y a la escuela como epicentro de todos los saberes. Sin embargo, hoy se instala otro orden en el que ya no se tienen certezas. Se diluyen las categorías asumidas como verdaderas y se cuestionan los discursos tradicionales para analizar la enseñanza como problema. Esto es *problematizar* la enseñanza. La escuela convirtió el proceso de enseñanza en un acto mecánico, vertical y unidireccional, en el que «yo enseño y otro aprende»; una relación de causa-efecto de enseñanza-aprendizaje traducido en una educación intencional; en un camino de ida y vuelta donde todo es previsible, controlable y evaluable en el que no parece haber sorpresas o imprevistos, en una suerte de poder hegemónico de quien controla los saberes o cree que lo hace.

Para Skliar (2006), en cambio, es plantear una educación no intencional como «la acción en la que, en principio, nada se conoce, nada se pretende ni se busca. Es aprender a perderse en una ciudad como quien se pierde en un bosque» y profundiza en su argumento, diciendo que «es una educación en la que el *yo* ha depuesto su soberanía; es una educación ética en la que el *yo* es absolutamente responsable del otro». Además de enfatizar que cada acto de educar deberá pensarse como un acto de conversación. Una conversación de diferencias que posibilita que el otro nos perturbe, nos altere, nos sorprenda. Es *un estar entre nosotros* como condición primaria de la existencia humana en la que hay, al mismo tiempo, proximidad y distancia, pero se crea un espacio para la conversación, para el encuentro con el otro, en un acto de acogida y de reconocimiento. Es una educación entendida como un *don* y no como la herencia que debe ser preservada sin modificaciones o alteraciones, custodiada sin preguntas, inamovible, fiel e inexorable.

Adaptado de www.cultura-sorda

EXAMEN 2. Bienestar y salud

Pista 6. Tarea 1, p. 58

Sentido del humor y salud

Efectivamente, voy a hablar sobre el sentido del humor. Es un tema que, la verdad, tiene una cierta complicación a la hora de contarse y es que la mayoría de las personas, cuando ven un título como puede ser el de hoy: *Sentido del humor y salud*, piensan: «Qué bien, esto puede ser muy interesante..., a lo mejor incluso para mi salud me podría venir bien». Pero hay otro aliciente, hay otra motivación y es la siguiente: «A lo mejor me voy a reír, a lo mejor esto puede ser divertido».

Hombre, la verdad es que espero que nos riamos, pero si vamos a hacerlo, y como no soy cómico, pues no va a depender enteramente de mí, sino también de todas y todos los que estamos aquí. Como somos muchos, yo creo que esto puede funcionar muy bien. ¿Saben que la risa funciona también por contagio?

Bien, en primer lugar me gustaría decirles que, aunque pueda parecer lo contrario, aún no se ha constatado científicamente que el sentido del humor se esté perdiendo en España o en el mundo, pero hay una serie de tendencias que me hacen sospechar que esto es así. La primera es lo que yo llamo *el drama de las noticias*. Saben que, ahora, en nuestro mundo globalizado y tecnológico, pues, tenemos diferentes medios de comunicación a través de los que nos podemos enterar, casi en tiempo real, de lo último que ha sucedido en casi cualquier parte. Y, claro, eso es maravilloso. Tenemos las radios, los periódicos, la televisión, Internet y estamos rodeados de estos informativos de actualidad. Pero, si nos fijamos, lo que nos dan como actualidad o lo que se ve en periódicos que se titulan *El País*, *El Mundo* ¿es realidad? ¿Es el país lo que nos están dando?… Pues hay que decir que no, que lo que nos están dando, en realidad, es una visión muy sesgada del país o de la realidad, de la actualidad. Lo que cuentan las noticias siempre es lo peor: los asesinatos, las guerras, los fuegos, las inundaciones, los tsunamis, las bombas, los conflictos, etc.

Ahora bien, lo que sí está constatado son los beneficios del buen humor para la salud y de esto quería hablar un poco ahora. En primer lugar, un dato que Norman Cousins encontró en su propia experiencia y que, como acabo de decir, sí se ha constatado, es que la risa es un analgésico natural. Otro de los efectos más que constatados de la risa es que es una de las mejores maneras de reducir el estrés. ¿No les ha pasado nunca? Seguro que pueden dar fe de que han vivido una experiencia parecida. Es decir, al reírnos, nos relajamos y no solo nos sentimos más relajados, sino que fisiológicamente se puede medir el efecto que tiene la risa sobre el cuerpo. Sabemos, también, que el estrés está asociado a toda una serie de dolencias, desde los resfriados, la diabetes, los problemas de corazón, la artritis, e incluso ciertos tipos de cáncer, con lo cual tenemos una prueba de la relación indirecta que existe entre la risa, el humor y la salud. Hay que decir, también, que aún no tenemos pruebas de que la gente que ríe más o que tiene mejor sentido del humor esté más sana; es verdad que aún no tenemos esos datos, pero puede que se descubra algún día. De lo que sí tenemos pruebas suficientes es de que, por ejemplo, la gente que es más optimista vive más y tiene mejor salud, o al menos se siente más satisfecha con su salud y se siente más sana, lo cual no es poco. Esto sí que está constatado.

Adaptado de www.servicios.elcorreo.com

Pista 7. Tarea 2, p. 59

Conversación 1

Mujer: Hola, buenas, mire, es que hace días que siento cierta molestia en la garganta, me pica bastante y tengo tos. Querría algo que me aliviara un poco porque me paso la noche en vela por la tos.
Hombre: ¿Tiene usted diabetes?
Mujer: Pues… no. ¿Por qué?
Hombre: Verá, es que este jarabe es un remedio homeopático para el tratamiento de la tos asociada a los problemas en las vías respiratorias y se vende sin receta médica. Es antitusivo, expectorante y mucolítico y todos sus componentes son naturales, pero está contraindicado para los diabéticos por su alto contenido en azúcar.
Mujer: ¿Un jarabe con componentes naturales? ¿Es nuevo? ¿A qué sabe?
Hombre: Pues aquí pone que contiene extractos de anís y tomillo y miel. Calma la tos y ablanda las mucosidades producidas en los bronquios.
Mujer: ¿Y cuánto tengo que tomar?
Hombre: A ver qué dice el prospecto… Sí, aquí, posología. Indica que hay que tomar una cucharada sopera cada seis horas durante un semana. Puede usar el vasito dosificador que viene en el envase. Dice además que se conserva muy bien a temperatura ambiente. Lo que sí que debe hacer es agitar el frasco antes de ingerirlo. De todos modos, si ve que la tos persiste o que sube la fiebre, debería ir al médico.
Mujer: ¿Y seguro que no tiene otras contraindicaciones? Es que ya tomo un montón de pastillas para la tensión y las varices…
Hombre: No, no. Al menos eso pone aquí. Lo que sí que le digo es que no es tan drástico como los que contienen codeína que, como sabe, puede generar dependencia y por eso solo se venden por prescripción médica.

Mujer: Ya, claro. Bueno, pues entonces este. Oiga, ¿se toma antes o después de las comidas?

Hombre: Eso según vea usted, pero le aconsejo que lo haga siempre a las mismas horas y así lo recuerda más fácilmente. Lo mejor es que empiece esta noche mismo.

Mujer: Así lo haré. Muchas gracias.

Conversación 2

Mujer: Buenos días, siéntese. Usted dirá.

Hombre: Buenos días. Vengo a ver los resultados de la analítica que me mandó hace un par de semanas y también porque desde hace unos días siento dificultad al respirar, como si no me entrase suficiente aire en los pulmones. No me había pasado nunca y, de repente, el otro día, me lo noté.

Mujer: Ya. Veamos primero el problema respiratorio. ¿Hace usted algo de ejercicio? Me refiero a si practica algún tipo de deporte o hace algún esfuerzo fuera de lo normal.

Hombre: Bueno, suelo salir a correr un par de veces o tres por semana, pero nada más.

Mujer: ¿Nota que empeoran esos síntomas al correr?

Hombre: Sí, sí, y al subir las escaleras… Es como si no pudiera más. Estoy un poco asustado. Espero que no sea nada grave porque coger ahora una baja…

Mujer: En principio no creo que haya nada de lo que preocuparse. Pero para asegurarnos y descartar cualquier cosa, voy a auscultarlo. Siéntese en esa camilla y desabróchese la camisa, por favor. Muy bien, ahora, cuando le diga, respire profundamente tomando el aire por la nariz y expulsándolo por la boca… otra vez… Gracias, ya puede vestirse.

Hombre: ¿Y bien?

Mujer: Pues no encuentro nada fuera de lo normal. Dígame, ¿no estará pasando usted una época de ansiedad o estrés?

Hombre: Pues ahora que lo dice. En el trabajo van a hacer recortes de plantilla.

Mujer: Ya. Bueno, los resultados de los análisis son perfectamente normales. Tiene el hierro un poquitín bajo, pero no es alarmante. Por lo demás, no encuentro nada patológico. Tampoco tiene problemas de tensión. Creo que es tan solo un tema de ansiedad. ¿Descansa lo suficiente?

Hombre: No creo. Me cuesta mucho conciliar el sueño y por las mañanas me levanto como si no hubiera dormido en toda la noche.

Mujer: Podría recetarle un somnífero, pero es mejor que consiga usted relajarse con métodos naturales. Le aconsejo que haga cenas ligeras y al menos dos horas antes de acostarse y no haga grandes esfuerzos ni físicos ni mentales antes de ir a la cama. Y no se preocupe tanto, que goza de muy buena salud.

Hombre: Lo intentaré. Gracias, doctora.

Conversación 3

Hombre: Buenos días. Estaba considerando la posibilidad de hacerme un seguro de vida y querría que me informaran sobre los productos que ofrecen.

Mujer: Excelente idea. Es esencial un buen asesoramiento antes de tomar una decisión así. Dígame, ¿tiene familia o personas que dependan económicamente de usted?

Hombre: Pues sí. Estoy casado y mi mujer no trabaja desde que tuvimos a nuestro segundo hijo. Tenemos dos niños de corta edad.

Mujer: En ese caso, le conviene un seguro de vida riesgo cuya finalidad es la protección de la familia en caso de fallecimiento por cualquier causa (enfermedad o accidente) del asegurado, es decir, usted. Según esta opción, el asegurador estaría obligado a pagar a los beneficiarios que usted especifique en la póliza una cierta suma a cambio de la cuota que ha ido abonando. Así, los beneficiarios podrán evitar la pérdida de los ingresos que usted proveía para ellos.

Hombre: Ya. Entiendo, entonces el seguro sería como parte de la herencia.

Mujer: Efectivamente. Lo primero que debe pensar es cuánto cree que necesitaría su familia para poder vivir cómodamente, porque esta decisión repercutirá en el importe de las cuotas que debería abonar.

Hombre: Sí. Eso es importante.

Mujer: Mire, las primas se pueden pagar de manera vitalicia, es decir, hasta el momento de la muerte, o de manera temporal, en la que el pago de las primas se realiza por un periodo determinado (20 o 30 años), pero la cobertura del seguro se extiende hasta que se produzca el fallecimiento.

Hombre: Ya veo.

Mujer: Por otro lado debería pensar si desea solo cobertura en caso de fallecimiento, accidente o enfermedad grave o si también quiere crear un fondo de inversión para su jubilación o para pagar la universidad de sus hijos.

Hombre: Pues, la verdad, todavía no me lo he planteado, pero me preocupa que mi familia no disponga de los medios necesarios para subsistir y hacer frente a los gastos.

Mujer: Otra cosa en la que no pensamos es en los gastos que conlleva un funeral y que tendrían que ser afrontados por su familia. Para evitarles sumar mayores males puede incluir en su póliza los gastos funerarios y los del entierro. Para hacerse una idea…

Hombre: ¿Sabe qué le digo? Mejor me lo pienso con calma y ya volveré otro día… Adiós.

Conversación 4

Hombre: Piscina municipal, ¿dígame?

Mujer: Buenas. Quería saber qué tengo que hacer para apuntar a mis hijos a las clases de natación.

Hombre: La inscripción la puede hacer *on-line* o venir directamente aquí. ¿Son socios? Porque en ese caso, las clases son gratuitas para niños hasta 14 años.

Mujer: Pues la verdad es que llevamos bastantes años ya en el barrio, pero no lo somos. ¿Podría decirme cómo hacerse socio?

Hombre: Si residen en este municipio no tienen más que traer una foto de cada miembro que desea hacerse socio y un certificado médico. En caso de tener hijos menores de 14 años, tiene que hacerse un carné familiar que sirve para ambos cónyuges y todos los hijos hasta esa edad. Y se paga una cuota mínima semestralmente.

Mujer: Estupendo. ¿Y qué equipamiento van a necesitar los niños?

Hombre: Pues traje de baño deportivo, gorro de silicona o látex, sandalias, toallas y también es recomendable que tengan tapones para los oídos.

Mujer: ¿Y qué actividades hay para los mayores?

Hombre: Contamos con profesores de Educación Física y monitores que guían las rutinas de ejercicios de aquagym. Ya sabe que el agua es el medio más propicio para realizar trabajos físicos sin grandes esfuerzos y que el cuerpo pierde gran parte de su peso en este medio.

Mujer: Interesante, porque mi marido tiene problemas de columna… ¿Cuándo puedo pasar para hacer la inscripción?

Hombre: La secretaría está abierta por las mañanas, de lunes a viernes, hasta las 15:00 h, pero las instalaciones funcionan hasta las 21:00 h incluidos los sábados.

Mujer: Muy bien. Muchísimas gracias.

Pista 8. Tarea 3, p. 60

Músicos y salud

Entrevistadora: El tema de hoy es la salud en los músicos y contamos para ello con Tomás Martín, profesor de percusión y percusionista ,además de osteópata especializado en el tratamiento de las lesiones en los músicos. Bienvenido a nuestro programa, Tomás.

En primer lugar, dinos, ¿cómo llegaste a ejercer la doble faceta de música y terapeuta?

T. Martín: Yo era un músico normal que estudió percusión, pero a los dieciocho años me lesioné el antebrazo y la mano izquierda y tuve que dejar de tocar durante un año. Tras muchas vueltas (fui a traumatólogos, hice rehabilitación, etc.), me encontraba igual, sin poder tocar absolutamente nada. Ya a punto de dejar la profesión, encontré un osteópata y en unas tres semanas me recuperé hasta tocar con normalidad. Después de pasar por todo eso, decidí tratar a otros músicos.

Entrevistadora: ¿Crees que hay relación entre la técnica y las lesiones?

T. Martín: Muchos piensan que los músicos se lesionan porque tocan mal, pero si fuera así, solo se lesionarían los músicos que tienen mala técnica, y eso no es verdad. El problema, en realidad, viene porque se sobrepasa el límite fisiológico o no se siguen las pautas adecuadas para evitar lesiones.

Entrevistadora: Has hablado de la importancia de la prevención, ¿qué rutinas referentes a ella se deberían seguir?

T. Martín: Calentamiento previo, siempre, a las sesiones de estudio y descanso. Los descansos tienen que ser cronometrados, 40/50 minutos de música y 10 de paro automático, sin irse al ordenador, ni a la consola, ni hacer absolutamente nada con las manos. Si te apetece puedes estirar, beber un vaso de agua o hidratarte o simplemente descansar.

Entrevistadora: ¿Cuál es el máximo de horas diarias que recomiendas tocar, por ejemplo, a un estudiante de grado superior o a un profesional?

T. Martín: Depende de la persona, pero normalmente entre seis y siete horas como mucho.

Entrevistadora: Uf… Dedicar tantas horas a tocar, además del agotamiento que ello conlleva, suele dejar poco tiempo para otras actividades, ¿no crees?, entre ellas el deporte. ¿La forma física en general influye y qué tipo de actividad física es más aconsejable?

T. Martín: Pues correr, nadar… siempre recomiendo a mis pacientes que vayan al gimnasio al menos una vez a la semana para fortalecer la musculatura. Unos músculos y tendones fuertes son más resistentes a las lesiones, por eso hacer alguna actividad física, además de tocar, es importantísimo. La alimentación también es fundamental.

Entrevistadora: ¿Hay algún deporte que, por otro lado, no sea recomendable?

T. Martín: Hombre, por ejemplo, en el caso de los pianistas e instrumentistas de cuerda, el tenis no es lo más recomendable ya que haces que los músculos flexores y extensores, que trabajan continuamente, lo hagan aún más.

Entrevistadora: Todo lo relacionado con mantener una buena postura ante un instrumento también es fundamental. En este sentido, ¿yoga, técnica Alexander y otras disciplinas relacionadas son adecuadas?

T. Martín: ¡Todas las técnicas que trabajan el equilibrio entre mente y cuerpo son muy recomendables y saludables para tomar conciencia de nuestro cuerpo, de qué tensiones tenemos y de cómo eliminarlas, pero una vez que uno ya está curado de la enfermedad o lesión que pudiera tener, porque ese tipo de disciplinas no curan si uno tiene una patología.

Entrevistadora: Cuando uno tiene un problema y acude al médico le suelen mandar reposo y antiinflamatorios. ¿Es eficaz este tratamiento?

T. Martín: Bueno, si ha sido o es una lesión leve, producida de forma puntual, el descanso sí que cura (siempre que descanses un par de días), pero si se trata de una lesión más severa no te va a hacer nada absolutamente.

Entrevistadora: Entonces, ¿cuáles son los síntomas realmente preocupantes para decir «tengo que ir al médico o dejar de tocar»? Porque esto ya no es una cosa puntual.

T. Martín: Si es algo puntual, normalmente descansas esa tarde o un día y al día siguiente al volver a tocar te deja de doler. Pero si dura más días significa que la lesión es más grave y si se mantiene en el tiempo, significa que el cuerpo no ha podido solucionarlo, entonces se empieza a cronificar. Cuando la lesión es permanente significa que es una lesión seria y tienes que parar e intentar solucionarlo. Pero en general, parar de tocar, a no ser que sea algo muy, muy grave y que el dolor te impida tocar, no lo recomiendo nunca; se debería tocar un poquito para no perder masa muscular y no perder agilidad.

Entrevistadora: Nos queda claro. Muchísimas gracias, Tomás, por tu amabilidad al contestar nuestras preguntas. Estamos seguros de que has despejado las dudas de todos nuestros oyentes sobre una cuestión tan importante para los músicos.

Adaptado de www.entre88teclas.es

Pista 9. Tarea 4, p. 61

DIÁLOGO 1
– Uff… Llevo una temporada con unas jaquecas insoportables.
– Yo creo que deberías ir al médico de cabecera.

DIÁLOGO 2
– ¿Qué te ha dicho el dentista, Luis?
– Que tome esto hasta que se me pase el flemón y vuelva a llamar para concertar otra cita.

DIÁLOGO 3
– ¿Cómo está hoy el niño?
– Estoy muy preocupada porque no se le quitan las décimas.

DIÁLOGO 4
– ¿Se te han pasado ya los retortijones con la tisana?
– Sí, por completo. Realmente es mano de santo.

DIÁLOGO 5
– Hace tiempo que no veo al vecino del segundo piso.
– Bueno, es que pasó a mejor vida hace unas semanas.

DIÁLOGO 6
– ¿Qué tal la cena de ayer?
– Pues lo pasamos muy bien, pero ahora tengo un empacho terrible.

DIÁLOGO 7
– ¿Qué quería decirte la profesora, Pedro? ¿Era sobre el examen?
– No, nada. Solamente que tengo letra de médico.

DIÁLOGO 8
– ¿Qué te pasa? ¿Por qué pones esa cara?
– Nada. Es que con el olor que hay aquí me dan arcadas.

DIÁLOGO 9
– ¿Qué tal en el hospital, Merche?
– De las enfermeras no tengo queja, pero la comida es una bazofia.

DIÁLOGO 10
– ¿Te parece bien que nos sentemos aquí para ver la película?
– Mejor vamos más cerca de la pantalla. Soy bastante corta de vista.

PRUEBA 3   **Expresión, mediación e interacción escritas**

Pista 10. Tarea 1, p. 62

La salud física y mental

Quiero compartir con vosotros brevemente una anécdota de un amigo que es sociólogo, y que estaba haciendo una encuesta epidemiológica sobre la esperanza de vida en un pequeño pueblo; era por la mañana y vio pasar a una señora que él pensó que podía contestar a la siguiente pregunta: «Señora, ¿cuál cree usted que es la esperanza de vida, o mejor dicho, la tasa de mortalidad en esta zona?». La señora pensó unos segundos y luego contestó con convencimiento: «Un muerto por persona».

Efectivamente, esto es así, por cada nacimiento hay una muerte. Nuestros genes prefieren una vida prolífica y activa a una vida interminable, así que al final morimos. Sin embargo, lo que sí ha cambiado y lo que esta iniciativa intenta, y probablemente con gran éxito, en mi opinión, es no solamente alargar la vida, sino añadir vida a los años. No se trata solamente de vivir mucho, sino de vivir bien. Y curiosamente, las mujeres españolas son las que más viven después de las japonesas, ¿lo sabían?

Yo tengo mi propia teoría, que no está comprobada, y tengo que confesar que tampoco está relacionada con el ejercicio. Mi teoría es que la mujer española habla mucho… Tengo un amigo que es cardiólogo y que seguramente a muchos de ustedes les sonará, Valentín Fuster, que cuando habla del corazón y del infarto dice que la dieta es importante y el ejercicio es fundamental, pero que hablar también es bueno para el corazón. Y aunque hoy vamos a hablar del ejercicio y de la dieta, no quiero dejar pasar la importancia que tiene el hablar para el corazón y para el estado de ánimo, y según mi teoría, que como ya les digo, no ha sido comprobada, para alargar la vida, como demuestran las mujeres españolas. Y de hecho, si no tenemos a nadie con quien hablar podemos hablarle al gato, al perro, a la planta…

Permítanme una pequeña prueba. Que levanten la mano todas aquellas personas que en algún momento de su vida han hablado solas en alto. ¡No me lo puedo creer! El 90 % y si a ello sumamos a los tímidos, el 95. Muy bien, muy sano. Entonces, ya hemos descubierto y hemos demostrado que hablar es bueno, incluso cuando hablamos solos.

Ahora hablemos sobre el tema del ejercicio. Para mí es un honor compartir esta tribuna con expertos como el doctor Blair, que realmente son las personas que saben científicamente del efecto del ejercicio en nuestro cuerpo. Yo, como psiquiatra, puedo deciros que hay una enorme cantidad de estudios científicos y también de estudios clínicos y anecdóticos que demuestran que la actividad física regular es un buen remedio y un buen preventivo para la depresión. Esto sí está demostrado. Y la depresión, en mi opinión, es una de las peores enfermedades que podemos sufrir porque nos roba la esperanza.

El ejercicio, un ejercicio regular y razonable (entre 20 y 30 minutos, cuatro o cinco días a la semana sería suficiente), nos ayuda a superar y vencer el estrés; hay una palabra que se utiliza en inglés desde hace bastante tiempo, pero no tanto en castellano, que es *resiliencia*. La resiliencia es la mezcla de resistencia a la adversidad, pero también la capacidad de superar la adversidad y aprender y salir beneficiados de una situación adversa. En el fondo es lo que sentencia el dicho chino: «No solamente hay que luchar ante esta adversidad que supone la crisis; hay que encontrar la oportunidad en la crisis para crecer».

El ejercicio –unido a la alimentación, naturalmente– es muy útil a la hora de luchar contra la depresión, contra la ansiedad, contra el estrés…, y como hemos visto, también las personas activas alargan su vida, tienen una autoestima superior, que es cómo nos valoramos a nosotros mismos. No les voy a hacer la pregunta porque es algo muy personal, pero podrían pensar, por un momento, ¿cómo se valoran del cero al diez como personas?

Está demostrado que cuando ejercitamos, lo que en psicología llamamos *las funciones ejecutivas*, el autocontrol, la tenacidad, la fuerza de voluntad, donde entran las actividades saludables, como es el ejercicio, nuestra autoestima tiende a subir. Tenemos suficientes pruebas científicas para demostrar que el ejercicio regular, moderado al que hay que añadir una dieta adecuada –y yo añadiría hablar, aunque sea solos– alarga y mejora nuestra calidad de vida.

Adaptado de www.foroganasalud.es

EXAMEN 3. Mundo laboral

PRUEBA 2 Comprensión auditiva y uso de la lengua

Pista 11. Tarea 1, p. 88

Equilibrio entre trabajo y vida personal

¿Nunca has contestado un correo de trabajo durante un evento familiar importante o una llamada de tu responsable más directo durante tus vacaciones?

Para muchos de nosotros, yo incluida, nuestros días están llenos de millones de pequeñas interrupciones de todo tipo, incluso en nuestros días libres. ¿Quién no ha recibido alguna vez una llamada estando en la playa, o ha enviado un mensaje de texto a su responsable desde el supermercado, o escrito un correo a un colega mientras estaba de pícnic con la familia o los amigos?

Nos hemos convencido de que este tipo de comportamientos no son gran cosa. Al fin y al cabo, es solo un correo electrónico o un simple mensaje de texto. Sin embargo, estas interrupciones conllevan un costo real. Y es que, aunque estos hechos, en un momento dado, pueden parecer muy pequeños o poco importantes, hay investigaciones que sugieren que juntos suman una pérdida tremenda de tiempo. La constante presencia laboral en nuestras vidas personales puede aumentar nuestro estrés y socavar nuestra felicidad. Entonces, ¿cuál es el costo?

En un estudio reciente, un grupo de investigadores reclutó a padres que visitaban un museo con sus hijos. A algunos padres se les dijo que, durante la visita, podían consultar sus móviles. Al resto, se les dijo lo contrario. Tras finalizar la visita, les hicieron varias preguntas, y el resultado fue que para aquellos que habían estado pendientes de sus móviles, la experiencia había sido considerablemente menos significativa, y se habían sentido mucho más solos.

Pero, además, este tipo de interrupciones constantes suponen también un costo para las organizaciones, que pierden, anualmente, treinta y dos días de productividad debido a las depresiones de sus empleados que, a menudo, son fruto del estrés y del agotamiento provocados por nuestra cultura de estar siempre activos. Y eso nos pasa a todos. Aún recuerdo que yo misma me he encontrado inmersa en «distracciones laborales urgentes» durante momentos importantes de la vida, como cuando me descubrí enviando un mensaje de texto a un cliente en medio de la primera ecografía de mi primer hijo… Cliente feliz, futura mamá culpable. Cuando sumas todos estos momentos, el total muestra una vida con menor significado, menos alegría y menos conexión e incluso memoria.

A pesar de lo anterior, tenemos la oportunidad de crear una nueva cultura respetuosa con el tiempo, porque disponemos de estrategias inteligentes que podemos seguir para protegerlo mejor. Y la forma de hacer este gran cambio es empezar ahora mismo a dar pequeños pasos. El primero es replantear el descanso. Reflexiona por un momento acerca de lo que piensas cuando escuchas la palabra «descansar».

Suena increíble, ¿verdad? Sin embargo, en mi mente, inmediatamente aparece la preocupación por no ser lo suficientemente productiva o defraudar a mis colegas. Error. Necesitamos encontrar formas para poder disfrutar de nuestro tiempo libre en lugar de verlo como barrera improductiva para nuestro trabajo.

Una estrategia específica que puedes poner en práctica ante este tipo de sentimientos es actuar durante tu próximo fin de semana como si fueran vacaciones. El viernes por la tarde, anota qué harías, cómo te comportarías si estuvieses de vacaciones. A lo mejor, con tu pareja o grupo de amigos compraríais una *pizza* y charlaríais de la vida. Quizás iríais a una sala de conciertos y escucharíais música en vivo. O tal vez daríais una larga caminata a la mitad del día sin teléfono y sin agenda. El plan no tiene por qué ser caro o extravagante. Otra puede ser crear límites claros para el tiempo libre. En lugar de decir «Estoy fuera de la oficina. Si quieres, puedes contactarme en…», di «Estaré desconectado. Llámame solo si es urgente».

Por último, puedes negociar más tiempo para evitar que el trabajo se filtre en tu vida personal. En la escuela de negocios enseñamos a negociar salarios, por ejemplo, pero casi no hablamos sobre cómo negociar más tiempo. ¿Cómo es esto en la práctica? Pues se puede pedir más tiempo en plazos ajustables en el trabajo. Por ejemplo, alguien te pide un informe para el lunes por la mañana, pide una prórroga hasta el martes, para evitar trabajar durante tu merecido fin de semana. Y no te preocupes demasiado por la reputación. La calidad es verdaderamente lo que más importa. Según mis datos, muchos empleados que proactivamente pidieron más tiempo reportaron niveles más bajos de estrés y agotamiento, y fueron vistos como más comprometidos y profesionales por sus compañeros.

Estos son cambios pequeños, pero poderosos no solo para replantear el descanso, sino para recuperarlo. Una vez que descubras el profundo impacto que estos cambios pueden tener, te sentirás con la fuerza suficiente para exigir que los demás respeten y ajusten su enfoque al tiempo. Tal vez, incluso, se sientan inspirados también para reconstruir los momentos rotos de sus vidas.

Adaptado de www.ted.com

Pista 12. Tarea 2, p. 89

Conversación 1
Hombre: ¿María? Soy Marcos. Oye, te llamo porque quería que me informaras sobre un tema laboral, y como tú llevas esos asuntos en tu empresa...
Mujer: Sí, dime.
Hombre: Mi mujer y yo vamos a cambiar nuestro lugar de residencia por causa de mi trabajo. Esto supone que ella tiene que dejar su actual puesto en la empresa donde trabaja. Y por otro lado, está embarazada de cuatro meses.
Mujer: ¿En serio? ¿Y a dónde os vais?
Hombre: Pues a Bilbao. Estamos allí abriendo mercado. Tengo un amigo que me anima a ir para allá. Él está muy bien situado y me echará una mano al principio para conocer clientes y demás.
Mujer: Entiendo.
Hombre: Y lo que quería saber es si mi mujer tiene derecho a cobrar el paro.
Mujer: ¿Cuántos años lleva trabajando?
Hombre: Pues en septiembre hace cinco años.
Mujer: Bueno, para cobrar el paro tiene que tener cubierto un periodo mínimo de cotización de 360 días dentro de los seis años anteriores a la situación legal de desempleo. De todas formas, también deberíais mirar lo del periodo de baja maternal.
Hombre: Sí, claro.
Mujer: Lo mejor es que os acerquéis a una oficina del Instituto Nacional de Empleo, con una nómina suya. Allí os darán todos los datos, cuántos meses le corresponden, la cantidad, la forma de cobro, etc. Pero, espera, ¿dices que va a dejar de trabajar de manera voluntaria, porque os marcháis?
Hombre: Sí.
Mujer: Pues me parece que en ese caso no tiene derecho a paro. Ya te dirán allí.
Hombre: ¡Ah! Pues nos pasaremos la semana que viene. Gracias por todo y recuerdos a Luis.

Conversación 2
Hombre: Mira, Juana, aquí hay un anuncio interesante para cubrir varios puestos de relaciones públicas en Valencia.

Mujer: ¿Qué piden?

Hombre: Tener el bachillerato. ¿Por qué no mandas el currículum? Nunca se sabe.

Mujer: No sé, no sé. ¿Qué ofrecen?

Hombre: Dice: «Incorporación inmediata, sueldo inicial sobre 1500 euros brutos más incentivos».

Mujer: ¿Dice algo del tipo de contrato?

Hombre: ¿A ver? Sí, dice: «Tres meses de prueba y contrato indefinido».

Mujer: Jornada completa, ¿no?

Hombre: Eso es.

Mujer: Ya, bueno, es que prefiero algo a media jornada, así podría seguir estudiando y acabar la carrera.

Hombre: A ver, mira, aquí hay otro. Este es para dependienta de una cadena de moda joven. Dice: «Se necesita personal joven con buena presencia, carácter abierto, aptitudes comerciales y responsable. Incorporación inmediata».

Mujer: Y en ese, ¿cuáles serían los requisitos?

Hombre: Pues conocimientos básicos en ofimática e Internet, además de permiso de conducir y vehículo propio.

Mujer: ¡Genial! No tengo coche. Nada, hoy no es mi día.

Hombre: No te desanimes, mujer, seguro que encuentras algo. Yo seguiré buscando y, si veo algo, te digo.

Mujer: Muchas gracias, eres un sol.

Conversación 3

Hombre: Buenos días, ¿en qué puedo ayudarla?

Mujer: Hola, quería informarme sobre un tema relacionado con las interinidades.

Hombre: Dígame.

Mujer: A ver, yo pertenezco al cuerpo de maestros de primaria y en las pasadas oposiciones no obtuve plaza fija, pero estoy la tercera en la lista de interinos, así que supongo que me llamarán en julio, pero si la vacante que me ofrecen fuera a tiempo parcial o estuviera muy lejos de mi domicilio, ¿estaría obligada a aceptarla?

Hombre: Ya sabe que al rechazar la vacante no podrá trabajar hasta que vuelva a sacar plaza en las siguientes convocatorias. Sin embargo, ningún interino está obligado a aceptar una plaza a tiempo parcial, itinerante o que suponga compartir centro en distintas localidades.

Mujer: Es que me parece increíble que tengamos que aceptar cualquier puesto de trabajo, aunque sea a 300 kilómetros del domicilio. En fin, en ese caso, ¿tendría derecho a cobrar la prestación por desempleo?

Hombre: Sí, siempre y cuando haya cotizado un mínimo de 360 días dentro de los seis años anteriores a la situación legal de desempleo. De todas formas, al rechazar un contrato, aunque no haya sido ofrecido por el INEM, podría considerarse una situación de no desempleo y quizás pudiera tener problemas para cobrar el subsidio. Lo mejor es que vaya al INEM a consultarlo.

Mujer: Tiene razón, será lo mejor. Pues, muchas gracias, que tenga un buen día.

Conversación 4

Hombre: Oye, Matilde, tú que eres abogada, te quería preguntar una cosa.

Mujer: Claro, dime.

Hombre: Pues verás, se trata de mi hermano. Resulta que tiene 24 años y lleva tres años y medio trabajando en una librería. Ahora el dueño la traspasa.

Mujer: Vaya por Dios.

Hombre: Pues sí, y es una verdadera pena, porque el negocio iba muy bien, está muy bien situada, muy céntrica, y el dueño actual es una bellísima persona.

Mujer: Y entonces, ¿por qué la traspasa?

Hombre: Se jubila y quiere dedicarse a viajar y hacer todas esas cosas que no ha hecho de joven.

Mujer: Entiendo.

Hombre: Y resulta que ahora mi hermano no sabe si quedarse o no con los nuevos propietarios.

Mujer: ¿Es que ha encontrado algo mejor?

Hombre: No, todavía no, pero dice que no terminan de caerle muy bien. Parecen muy exigentes y poco comprensivos. Mi hermano no es una persona muy práctica, es muy impulsivo, ¿sabes? Yo estoy intentando convencerlo de que no actúe a la ligera, pero no sé qué va a hacer. Entonces lo que quiere saber es qué derechos tiene si le ofrecen continuar con ellos.

Mujer: Pues tienen que respetarle por entero sus condiciones laborales, pero tu hermano no tiene derecho a rescindir el contrato con finiquito ni paro.
Hombre: Vaya. Bueno, gracias, se lo diré, a ver qué decide al final.
Mujer: Ya me contarás.

Pista 13. Tarea 3, p. 90

Ser intérprete en el Circo del Sol

Entrevistador: Díganos, Mayra, ¿cómo se realiza la selección de los intérpretes en el Circo del Sol? ¿Con qué criterios?
Mayra: Por lo general, a los interesados en trabajar en el circo se les pide que vayan a la web y completen el formulario de búsqueda de empleo en la categoría que solicitan. El circo busca, ante todo, gente profesional que tenga un buen manejo de los idiomas y con mucha sensatez, porque el trabajo es muy diferente al que se hace en otros lugares. Es importante ser una persona abierta, flexible, dispuesta a aceptar los cambios constantes que se producen durante el trabajo.
Entrevistador: ¿Con cuántas lenguas trabaja cada intérprete?
Mayra: Normalmente, con dos. Puede que alguno trabaje con tres para dos artistas de origen diferente, pero es muy esporádico. En la creación de un espectáculo pueden trabajar hasta cinco intérpretes con combinaciones de lenguas diferentes: ruso, japonés, portugués, español y francés. La lengua de comunicación con todos es el inglés, pero en caso de que un artista no lo hable cuando empieza a trabajar allí, deberá tomar clases, ya que una vez que se termine una creación o el artista se integre en un espectáculo, no tendrá servicio de interpretación.
Entrevistador: ¿Cuál es exactamente el papel del intérprete en el circo? ¿En qué aspectos se manifiesta vuestra labor, además del lingüístico?
Mayra: Es ante todo acompañar al artista desde su llegada a la sede del circo, porque son muchas las cosas que tiene que entender y asimilar. Además, le orientamos en el laberinto de cosas que debe hacer a su llegada: rellenar los papeles del seguro y de los impuestos (con la consiguiente explicación), firmar el contrato, pasar una prueba médica, tomarse medidas para la ropa y el calzado, etc. Los artistas aprovechan también para hacernos preguntas de toda índole, como dónde comprar cosas que necesitan, qué hacer los fines de semana, etc.
A veces, nos toca hacer de confidentes, sobre todo en momentos de tensión o de frustración, ya que en general hay una buena relación entre el artista y el intérprete. Por eso mismo somos los primeros en saber si algo les pasa y, según la circunstancia, hablamos con el encargado de la formación. Recuerdo que un artista tenía un familiar muy enfermo en su país de origen. Ninguno lo sabíamos, pero lo notábamos triste y ausente, lo que constituía un peligro potencial para su trabajo, pues consistía en saltar de un columpio en movimiento a otro. Su intérprete se lo comunicó a los responsables de personal en cuanto se enteró, y le dieron varios días libres para que pudiera viajar a su país.
Entrevistador: Teniendo en cuenta lo que has contado de vuestra importante labor, ¿hay algún otro aspecto que valores de manera especialmente positiva en el trabajo? ¿Alguno que lamentar?
Mayra: Bueno. Es un trabajo serio, pero informal la mayor parte del tiempo. Lo importante es que la comunicación no se interrumpa, así que cuando una palabra no te viene enseguida a la mente, tienes la posibilidad de explicar o pedir explicaciones, aclarar lo que no entiendes, etc., pero, eso sí, hay que estar muy alerta, porque se puede pasar de interpretar algo muy general a algo muy técnico, o estar sin interpretar y de repente tener que traducir durante un buen rato. Lo que me gusta es que no hay espacio para el aburrimiento, sobre todo cuando se interpreta para un payaso. Es difícil hacerlo cuando tienes ganas de reír con algo que ha dicho, pero, como todos los de alrededor se ríen, resulta más fácil. Por eso digo que es serio, pero informal.
Entrevistador: Antes de concluir, ¿podrías contarnos alguna anécdota que te haya ocurrido en estos años en el circo? Seguro que tienes muchas.
Mayra: A ver..., sí. En una ocasión tuve que interpretar por teléfono a un artista que nunca quería hablar sin que su esposa estuviese con él. Casi todo se lo preguntaba a ella. Era una situación tensa para todos, porque frenaba las negociaciones. Entonces, cuando empecé a trabajar en este proyecto y observé el mismo comportamiento, me di cuenta de que era analfabeto y la esposa lo ayudaba con los documentos. Cuando el equipo entendió lo que pasaba, la tensión bajó y se pudo negociar su contrato.

Entrevistador: Muy interesante. Al escucharte, no queda duda de que el intérprete de circo debe tener a punto muchas habilidades, y no solo intelectuales. Muchas gracias por tu testimonio.

Adaptado de https://revistas.uva.es

Pista 14. Tarea 4, p. 91

DIÁLOGO 1
– Oye, Pepe, ¿qué tal el concurso?
– Fatal. Yo tenía más nota en el examen, pero han cogido a otro por tener más formación.

DIÁLOGO 2
– ¿Qué tal, Mario? ¿Cómo va tu mujer? ¿Tiene algo ya?
– ¡Qué va! Y en un par de meses deja de percibir lo del paro.

DIÁLOGO 3
– ¡Carmen! Hija, cuánto tiempo. Ayer le pregunté a tu hermano, pero no supo decirme si al final te presentaste a aquella entrevista.
– Ya me imagino porque la acabé enseguida. No cumplía ni con el requisito de formación ni con el de los idiomas.

DIÁLOGO 4
– He estado hablando con los del grupo de senderismo y tienen varias propuestas para el puente. Dicen que prefieren Cazorla. ¿Te animas a venir? Yo creo que me apunto.
– Claro, como no tienes que currar…

DIÁLOGO 5
– Vaya faena, Ángel, se ha roto el desagüe del fregadero y no encuentro a nadie que quiera o pueda venir a casa.
– Yo conozco a un chapuzas muy bueno. Si quieres, te doy su teléfono y le dices que llamas de mi parte.

DIÁLOGO 6
– Jaime, no sé si te apetecerá planteártelo, pero aquí hay un anuncio que podría interesarte. Dice que buscan a alguien con alto nivel en aplicaciones informáticas.
– Déjame ver qué es, porque de ese tipo de ofertas hay muchas, pero luego leyendo la letra pequeña…

DIÁLOGO 7
– No puedo más, todos los días lo mismo. Te digo que el año que próximo hago como Inés.
– ¿Inés? ¿La que me dijiste que se había tomado un año sabático?

DIÁLOGO 8
– ¡No soporto a mi compañero! Está todo el día mano sobre mano.
– Sí, algunas personas se ganan el sueldo sin dar palo al agua.

DIÁLOGO 9
– Gerardo, ya está bien. Deja de ver la tele y arrima el hombro.
– ¡Ya voy!

DIÁLOGO 10
– Jo, Ana, siempre estoy igual. Nunca llego a fin de mes… tengo que hacer algo porque así no puedo seguir.
– Pues no sé, hija, ¿has probado de canguro?

PRUEBA 3 **Expresión, mediación e interacción escritas**

Pista 15. Tarea 1, p. 92

Errores en la entrevista de trabajo

Si es usted de los que piensan que la clave del éxito a la hora de encontrar trabajo es saber venderse bien y pisar fuerte, debería comenzar a actualizar sus esquemas. Y es que, pese a que durante los últimos años se ha considerado que las personalidades dominantes y expansivas tenían ventaja para convencer a los entrevistadores laborales, hoy esa percepción parece haber cambiado radicalmente. Frente a la charlatanería, la prepotencia y el exceso de autoestima se impone la humildad, el rigor y las respuestas inteligentes, pero austeras.

«Algunos candidatos tienden a venderse en exceso en la entrevista, abrumando al entrevistador con una cantidad de datos y palabras, a veces no solicitados. Es mejor responder de forma concisa a las cuestiones formuladas y realizar alguna pregunta inteligente sobre la compañía y el puesto durante la conversación, mostrando un auténtico interés durante la explicación», así indica Carlos Alemany, director general de Korn/Ferry España.

Hablar demasiado se perfila así como el error más común cometido por los aspirantes a un puesto de trabajo durante la entrevista, según la opinión del 36 % de los consultores de Korn/Ferry Internacional. Todos ellos han participado en la novena edición del Executive Recruiter Index trimestral, una encuesta que elabora la firma entre más de doscientos de sus profesionales.

Tras el exceso de palabrería, dos de cada diez encuestados destacan como segundo gran error la falta de conocimiento de los candidatos sobre la empresa o el puesto de trabajo al que aspiran. A ello hay que añadir el exceso de autoestima (16 % de las respuestas) y el exceso de autoconfianza (9 % de los encuestados).

Uno de los capítulos analizados en el trabajo de Korn/Ferry Internacional se refiere al plazo de tiempo que debe darse el candidato a la hora de meditar sobre una oferta de trabajo. Como en los supuestos anteriores, la clave aquí es la moderación. «Seis de cada diez consultores considera que siete días o más es un periodo de tiempo demasiado largo para considerar una oferta formal de trabajo, mientras que el 29 % indicó que ese plazo debe ser inferior», señalan fuentes de la firma.

El informe pone de manifiesto las diferencias regionales que existen en el mundo en torno a cuestiones como la permanencia del candidato en el cargo. Mientras que en América del Norte, Europa, Oriente Medio y África, los expertos cifran en dos años ese plazo mínimo, en América del Sur y Asia-Pacífico se considera que el tiempo imprescindible es exactamente la mitad: un año. En cualquier caso, el abandono del puesto de trabajo antes del transcurso de ese periodo mínimo se debe, según el informe, a diferencias de tipo cultural en el caso de América del Sur y Asia-Pacífico, mientras que el resto de las áreas geográficas las razones apuntadas por los expertos en selección de personal resultan más diversas. Además, en caso de que esos plazos considerados mínimos no fuesen respetados por los candidatos, casi nueve de cada diez consultores coinciden en la conveniencia de revelar ese dato a los entrevistadores de las empresas «y no omitirlo, como ocurre en la mayor parte de las ocasiones».

Asegurarse bien del lugar, de la hora de la entrevista y del nombre y apellido del entrevistador es el primer consejo que debe recordar el aspirante a una entrevista. Los expertos en selección de personal insisten en que la puntualidad se considera la primera tarjeta de visita del candidato. En caso de que haya una circunstancia que impida al aspirante llegar a la hora señalada se debe llamar al entrevistador y advertirle del retraso, dejando claro que se trata de un imprevisto.

La apariencia personal es la segunda baza de que dispone el candidato. La higiene personal y un atuendo correcto, bien planchado y limpio (atención a los zapatos mal cepillados), son detalles importantes que hay que cuidar. Actuar con naturalidad y sencillez, escuchar y responder sin atropellarse ni interrumpir al interlocutor y abstenerse de fumar son otras recomendaciones clásicas para salir airoso de una entrevista de trabajo. También lo son informarse a fondo sobre la empresa y el puesto al que se aspira y no mentir nunca sobre habilidades o experiencia previa.

Adaptado de www.cincodias.com

EXAMEN 4. Ciencia, tecnología y transportes

PRUEBA 2 Comprensión auditiva y uso de la lengua

Pista 16. Tarea 1, p. 120

La movilidad urbana

Aunque la crisis climática ya estaba provocando cambios en la movilidad urbana, fue la pandemia ocasionada por el COVID-19 la que aceleró definitivamente el proceso. Por miedo al contagio, a la salud o por mero entretenimiento, lo cierto es que muchas más personas optaron por caminar para realizar los trayectos que antes hacían en coche. En cualquier caso, no debemos olvidar que, aunque a veces vayamos en coche, otras en bici o en cualquier otro medio de transporte, en algún momento todas las personas somos peatones.

Hasta ahora, los vehículos a motor han estado en el centro de la vida de las ciudades, ya que cualquier infraestructura o planificación urbanística se diseñaba en función de si estos medios de transporte privados podían acceder, aparcar o circular. Por eso, poner al peatón en el centro de la movilidad supone un cambio radical de modelo.

Uno de los factores determinantes de este cambio es el envejecimiento de la población. En estos momentos, 9,5 millones de personas en España tienen más de 65 años. Son casi el 20 %. Las previsiones del INE (Instituto Nacional de Estadística) apuntan a que este porcentaje subirá hasta el 32 % en 2050. Y los mayores fundamentalmente caminan. Según el estudio *Envejecer en movimiento*, elaborado por el club automovilístico RACC, el 75 % de los desplazamientos de los mayores catalanes son a pie.

Según Naciones Unidas, el 55 % de la población mundial vive en un entorno urbano (3500 millones de personas). En 2050, llegará al 70 % (5000 millones). Con estos datos, garantizar el dinamismo del transporte público se convierte en algo fundamental para el futuro, tanto por motivos medioambientales como económicos y sociales. Así lo vio también la ONU, y por eso la meta 11.2 de los Objetivos de Desarrollo Sostenible reclama un transporte público «seguro, asequible, accesible y sostenible para todos», con especial atención a los colectivos vulnerables (mujeres, niños, personas con discapacidad y mayores). Sin embargo, la pandemia agrandó el reto, ya que el miedo al contagio, la menor actividad económica (caída del PIB y más paro) y el teletrabajo redujeron la utilización del transporte público.

Los expertos en movilidad señalan que el transporte público debe ser la gran apuesta de las ciudades y que el futuro pasa por una mayor implementación de las nuevas tecnologías. La digitalización permite y permitirá una mejor planificación de rutas y horarios y un incremento de la capacidad y frecuencia de trenes y autobuses, lo que evitará la concentración de usuarios en franjas horarias y en lugares determinados. Estos cambios ya han comenzado en ciudades como Madrid o Barcelona. El pago digital, el billete único o los paneles que informan de los tiempos de espera son algunas de estas novedades.

La movilidad tradicional basada en el concepto de automóvil en propiedad queda atrás, y todo indica que el futuro reserva menos espacio para el vehículo particular. Hoy, cualquier ciudadano puede moverse en coche sin ser su propietario, pues la oferta de servicios de movilidad es variada y todos están al alcance del móvil, y es que la movilidad urbana avanza hacia un nuevo modelo de servicios, donde la tecnología ofrecerá multitud de opciones para moverse en ciudades inteligentes que gestionarán vehículos y espacios de forma eficiente.

Por otro lado, el alquiler de coches compartidos, o *carsharing*, es una de las alternativas actuales al coche particular para moverse por la ciudad, y diferentes empresas que ofrecen este tipo de servicio operan en ciudades como Madrid, Barcelona, Bilbao o Málaga, proporcionando a sus usuarios acceso a un coche eléctrico 24 horas al día, siete días a la semana, pagando por tiempo de uso o por kilómetros recorridos. Prueba de que este servicio se ha convertido en una opción más de movilidad urbana es que la DGT lo incluyera en el Registro de Vehículos en octubre pasado.

Ante una realidad de saturación circulatoria y niveles de polución insostenibles, las urbes se han visto obligadas a tomar cartas en el asunto. Para desahogar sus centros urbanos, muchas han situado aparcamientos disuasorios en sus periferias, cerca de estaciones de tren, metro y bus, facilitando así el salto del transporte privado al público. También hay que destacar las actuaciones de ciudades como Gijón, Oviedo, Valladolid, Murcia o Cartagena, que durante los peores días de polución activan sistemas de restricciones temporales a la circulación para atenuar los efectos de los altos niveles de contaminación del aire.

Por su parte, los fabricantes de coches han puesto en el mercado modelos adaptados para uso urbano, de tamaños y consumos reducidos. Además, las marcas llevan más de una década dedicadas al desarrollo del vehículo conectado, autónomo y electrificado para dar nuevas alternativas de movilidad al usuario. Vehículos que aún deben mejorar sus prestaciones y precios para ser competitivos, pero que gozan de subvenciones para su compra. Todo, por una ciudad más vivible, más sostenible.

Adaptado de https://revista.dgt.es

Conversación 1 (acento peninsular y acento mexicano)

Hombre: Televix, buenos días, ¿en qué puedo ayudarla?

Mujer: Sí, buenos días, quería informarme sobre los pasos que hay que seguir para hacer un traslado de línea telefónica.

Hombre: ¿Solo la línea o…?

Mujer: No, no, también la conexión a Internet.

Hombre: Muy bien, mire, hay dos posibilidades, o bien viniendo a nuestras oficinas y llenando una solicitud, o bien llamando al 1166, donde le pedirán una serie de datos. La llamada es gratis.

Mujer: Mejor por teléfono, ¿no? No parece complicado y la verdad es que no tengo mucho tiempo, y… ¿qué datos tendría que dar?

Hombre: Pues le pedirán el número de contrato, el de identificación fiscal, el domicilio actual y el nuevo domicilio. Le van a hacer unas preguntas sobre los servicios que tiene contratados, como buzón de voz y otros, y le van a informar sobre las ofertas actuales por si desea realizar algún cambio. Lo mejor es que tenga todo preparado, así no habrá interrupciones.

Mujer: Bien, ya he tomado nota. Y una cosa más, ¿cuánto tiempo suele tardar el traslado? Es que necesito usar Internet en casa por el trabajo, ¿sabe?

Hombre: Bueno depende de la colonia, pero no más de cinco días desde que hace la solicitud.

Mujer: Estupendo, parece muy sencillo. Muchas gracias.

Hombre: Gracias a usted, buenos días.

Conversación 2 (acento peninsular y acento argentino)

Mujer: Mira, Ernesto, aquí hay un foro donde hablan de las preferencias entre el BRT o el metro para Buenos Aires. Venga, ¿quieres participar?

Hombre: ¿El BRT? ¡Ah! El Bus Transporte Rápido. Pues si participara diría que es una copia barata de un tranvía moderno.

Mujer: ¿Tú crees? ¿Por qué?

Hombre: Porque para una línea de estas características los tranvías no tienen vibraciones, son veloces, y cuando alcanzan altas velocidades, siguen siendo silenciosos y cómodos.

Mujer: Ya.

Hombre: Por otro lado, son más limpios y contribuyen a la mejora del aspecto de la zona. Además, son mucho más seguros, porque se pueden adaptar a sistemas de señalamiento.

Mujer: Vale, vale, pero creo que no hay que infravalorar a los autobuses o colectivos como decís vosotros. Reconoce que funcionan muy bien en zonas de poco tráfico y poca densidad de población.

Hombre: Sí, es verdad, pero estamos hablando de lo que funciona mejor en Buenos Aires.

Mujer: Yo creo que es un problema de programación. Por ejemplo, en la ciudad brasileña de Curitiba se aplicó con éxito el sistema de buses articulados rápidos, con varias líneas que circulan en línea recta y se entrelazan presentando varias combinaciones.

Hombre: Sí, pero Curitiba es cien veces más chica que Buenos Aires y con avenidas bastante más anchas y menos transitadas. Así cualquiera.

Mujer: Sí, bueno, eso es verdad. Para Buenos Aires lo más aconsejable es el metro.

Hombre: Estamos de acuerdo.

Conversación 3 (acento peninsular y acento argentino)

Mujer: ¿Sí?

Hombre: Hola, buenos días. Estamos realizando una encuesta para el programa de radio *La Tierra es nuestra casa*. ¿Sería tan amable de participar? Solo debe responder a cuatro sencillas preguntas.

Mujer: ¡Uy!, ¿para la radio?, bueno, bueno, adelante. Dígame.

Hombre: Estupendo. A ver, la primera pregunta es: ¿usted contamina?

Mujer: Eh… pues sí, supongo que sí, claro. Como todos, ¿no?

Hombre: Y díganos, ¿por qué lo hace?

Mujer: ¿Que por qué lo hago? Pues no sé, bueno, sí, porque vivo en una ciudad. Y… bueno, no sé cómo podría vivir sin contaminar, aunque suelo pensar en lo que hago para minimizar el impacto y contaminar lo menos posible.

Hombre: ¿Cree que en el futuro las grandes ciudades tendrán un mayor porcentaje de contaminación?

Mujer: Pues no sé, no estoy muy informada, pero supongo que las expectativas de cualquier país o cualquier ciudad, hasta ahora, son crecer más, producir más, y por lo tanto, contaminar más. No es que la expectativa sea contaminar, no, sino la consecuencia. ¿Me entiende?

Hombre: Sí, sí, queda claro. Muy bien, y por último, ¿quiénes cree usted que son los responsables?

Mujer: Pues para mí está claro, yo creo que cada uno de nosotros es responsable del mundo en el que vive, ¿no le parece? En el sentido de que no creo que exista una sola persona que haga todo lo posible por vivir en armonía con su entorno, a no ser las últimas tribus aisladas, si es que queda alguna. Cuanto más desarrollado el país, más responsables son sus habitantes.

Hombre: Muy bien, eso ha sido todo. Muchas gracias por participar, muy amable.

Mujer: De nada, que tenga un buen día.

Conversación 4

Mujer: Consultoría Todo coches, ¿dígame?

Hombre: Hola, buenas tardes, mire, quería hacerle una consulta. Verá, mi tío me quiere regalar su coche, pero es bastante antiguo, entonces quería saber hasta cuándo puede circular un vehículo.

Mujer: Bueno, en principio no hay límite, pero tiene que tener en cuenta que o bien se le han ido efectuando las modificaciones necesarias para que se adapte a la normativa vigente sobre medidas, contaminación, etc., o debe matricularse como vehículo histórico, que es el único modo de que se le permita circular sin cumplir dicha normativa.

Hombre: Ya, ¿y cuáles serían los requisitos para declararlo en esta categoría?

Mujer: Pues una de ellas es que tenga una antigüedad mínima de veinticinco años a partir de la fecha de su fabricación o de su primera matriculación.

Hombre: Ah, vaya, creo que este se matriculó hace veinte solamente.

Mujer: También estarían en esta categoría los vehículos declarados bienes de interés cultural o los que tengan un interés especial por haber sido propiedad de alguna personalidad relevante o por haber intervenido en algún acontecimiento de trascendencia histórica, aunque tengan menos de veinticinco años.

Hombre: Ya, bueno, creo que tampoco es el caso, je, je, je.

Mujer: Pues entonces lo único que queda es que sea un vehículo de colección por sus características, singularidad o circunstancia especial.

Hombre: Mmm… tampoco va a poder ser. Quizá lo mejor sea darlo de baja, porque si no, creo que el seguro me costará bastante.

Mujer: Sí, en ese caso, sí, quizá sea lo mejor.

Hombre: De acuerdo, muchas gracias. Buenas tardes.

Mujer: Adiós, buenas tardes.

Pista 18. Tarea 3, p. 122 **(acento peninsular y acento argentino)**

Transporte en Santiago de Chile

Entrevistadora: Buenas tardes señoras y señores, hoy contamos con la presencia de Louis de Grange, quien nos comentará su visión como ingeniero y académico especializado en temas de transporte. Louis, la primera cuestión es: ¿Más autopistas o más transporte público?

Louis: Yo soy partidario del metro. Una ciudad del tamaño de Santiago debe mover de manera eficiente a su población. Las autopistas atienden a un tipo de viaje muy especial, pero uno no puede pretender que el transporte de una ciudad se base en autopistas porque no es posible. Sin embargo, podríamos aumentar la red de metro porque no ocupa espacio público, o sea, libera espacios públicos y es capaz de transportar gente de manera muy eficiente. Además, es limpio y, dada la contingencia actual de Transantiago que solo está empeorando y que la evasión es tremendamente alta, este es el momento para hacerlo.

Entrevistadora: En una carta al director que envías al diario *El Mercurio*, señalas que la bicicleta es una alternativa minoritaria en el transporte en Santiago. ¿Qué medios de transporte alternativos considerarías para la ciudad?

Louis: Cuando planificas una ciudad no puedes pretender que la bicicleta cumpla un papel relevante. Siempre va a ser minoritaria. Las ciudades donde el uso de la bicicleta puede llegar al 20 % son ciudades veinte veces más chicas que Santiago, con mucha menos población.

Yo creo que a lo mejor estudiar algunos tranvías o trenes suburbanos en algunas localidades como por ejemplo en Padre Hurtado o Lampa, potenciar más el metro-tren que pasa por San Bernardo e integrar estos trenes urbanos a la red de Santiago pueden ser medidas complementarias que tengan un efecto mayor.

Entrevistadora: ¿Qué pasa con el transporte público en otras regiones?

Louis: Afortunadamente allá el transporte público no es tan dramático como en Santiago porque son ciudades más chicas con soluciones acordes a sus necesidades. O sea, el taxi colectivo en regiones funciona de manera muy eficiente. En esas zonas yo creo que el problema está en los sectores rurales que están más aislados y requieren una conectividad que hoy día no existe.

Entrevistadora: Por otro lado, ¿cómo se debería conciliar el desarrollo de las autopistas urbanas con el tránsito local y las vías de accesibilidad de los barrios?

Louis: Las autopistas urbanas debieran ser diseñadas básicamente para viajes un poco más largos. Sin ellas Santiago probablemente no funcionaría como lo hace hoy en día, pero sí creo que hay que ser un poco más minucioso y riguroso en cuanto al diseño local.

Entrevistadora: ¿Qué puedes decirnos del Vespucio Oriente?

Louis: A la gente le gusta usar el auto y es un reflejo de la mejora de la calidad de vida. Yo creo que es un proyecto necesario y estoy a su favor, el tema es el diseño, que tiene que ser acorde con la movilidad local y de preferencia subterráneo, pero dadas las particularidades del trazado, no se puede pretender que vaya a dieciocho metros de profundidad.

Entrevistador: ¿Qué pasa con la participación público-privada en el desarrollo de las ciudades de la reconstrucción?

Louis: Creo que la participación de las concesiones es fundamental. Mi impresión es que las concesionarias no cumplieron las expectativas que tienen que cumplir luego del terremoto.

Entrevistadora: ¿Qué instrumentos de planificación faltan en Chile para un mejor desarrollo de las ciudades?

Louis: Primero que todo se necesita información de calidad. Información permanente, bases de datos, actualización permanente y una vez que se tiene la información para hacer una planificación correcta, hay que empezar a utilizar metodologías más actualizadas que las que actualmente se están utilizando.

Entrevistadora: Muy bien, muchas gracias, Louis, y hasta pronto.

Adaptado de www.plataformaurbana.cl

Pista 19. Tarea 4, p. 123

DIÁLOGO 1 (acento argentino)
– ¡Qué computadora que se compró Julio! ¡Es un golazo!
– Juan, la verdad es que no creo que sea para tanto, che.

DIÁLOGO 2
– Oye, María, ¿has ido a la conferencia de Ernesto?
– Sí y, aunque llegué un poco tarde, consiguió una vez más ponerme la piel de gallina.

DIÁLOGO 3 (acento argentino)
– ¿Estás leyendo un libro de este científico? Este pibe tiene unas ideas…
– ¿Sí? Bueno, no sé todavía. Te voy a dar mi opinión al terminarlo.

DIÁLOGO 4 (acento argentino)
– ¡Uf! Recién llegué de estar una semana en Túnez, dos en Francia y ahora me voy a Grecia diez días.
– ¡Qué dura la vida del turista! ¿Eh, Julio?

DIÁLOGO 5
– No sé, Julia, ¿qué quieres que te diga? El transporte público en esta ciudad me parece de lo peorcito.
– ¡Y que lo digas!

DIÁLOGO 6 (acento argentino)
– Es que no doy crédito. ¡La de años que habrá estudiado este catedrático, y va y publica eso!
– Sí, Luis, es increíble.

DIÁLOGO 7
– Anda que, con la de dinero que consiguen en subvenciones, ya podrían poner el carril bici.
– Sí, sí... ya podemos esperar sentados.

DIÁLOGO 8
– Oye, Inés, ¿cómo va el proyecto para la beca?
– Pues viento en popa. La semana que viene me lo confirman.
DIÁLOGO 9
– Oye, Matilde, ¿qué te ha parecido la última ponencia?
– Es que a mí esto de hablar así, de un modo tan irrefutable…
DIÁLOGO 10
– ¡Ya está! ¡Hasta aquí hemos llegado! Mañana me cambio de compañía telefónica.
– Pero Pilar, ¿estás segura?

PRUEBA 3   Expresión, mediación e interacción escritas

Pista 20. Tarea 1, p. 124

Lenguaje y tecnología: la relación interna

Lo que distingue a una época histórica de otra no es el resultado del trabajo en sí mismo, sino el modo tecnológico mediante el que se obtiene ese resultado. La capacidad de la sociedad para producir mediante esos modos tecnológicos significa la esencia de la diferenciación entre el hombre y los animales.

La relación entre lenguaje y tecnología se puede interpretar desde tres perspectivas diferentes:

1. En el interior del lenguaje. Algunos autores sostienen que la capacidad de producir se desarrolla a través de la creación de utensilios, artefactos, sistemas materiales y tecnológicos, entre los que incluyen el lenguaje y la escritura como su habilidad, y los sistemas de representación icónica. El lenguaje, así, constituye, según esta perspectiva, una forma de actividad tecnológica, con lo cual, la tecnología supondría todo el conjunto de producciones artificiales fabricadas por la humanidad. Los procesos de producción serían el conjunto de maquinarias, personas y recursos necesarios en un sistema sociotécnico y los conocimientos, metodologías, capacidades y destrezas para realizar tareas práctico-productivas.

2. En la formación histórica en relación con la actividad tecnológica. Desde la perspectiva lógico-histórica, la relación lenguaje/tecnología se puede enfocar a partir de la exploración del modo en que, siendo el trabajo la forma de actividad humana por la que se expresa la capacidad tecnológica del hombre, y siendo el lenguaje el proceso asociado en su nacimiento y desarrollo, debe suponerse que las primeras formas que adoptó el último se remiten directamente a las actividades básicas de la producción primitiva humana.

El hombre reproduce mediante signos y símbolos imágenes de la vida cotidiana que representan artefactos, sistemas tecnológicos, formas de la organización social y de la experiencia comunitaria. La transmisión de la experiencia práctica se refiere a la repetición, dada la necesidad de fijación de un mensaje, y construcción abstracta de signos cuyo contenido se corresponde directamente con el proceso de trabajo y de la práctica tecnológica.

La aparición de la escritura, habilidad del hombre alcanzada solo bajo cierto nivel de desarrollo de la vida social, se encuentra directamente ligada a las representaciones que se tienen de las más antiguas actividades tecnológicas: fundición de metales, la invención de la rueda, la utilización del torno.

Y 3. En su dimensión lexicográfica a partir del enriquecimiento del lenguaje. Se pretende extender la idea de que el uso de nuevas voces que se incorporan a una lengua le aportan riqueza. Partiendo de la opinión de Manuel Seco, la lengua se enriquece realmente cuando sus hablantes adquieren la capacidad de hacer uso eficaz de los recursos que esta le ofrece. La riqueza de una lengua se encuentra en la riqueza o pobreza intelectual de sus hablantes, de aquí que entendamos que el propio vocabulario de un idioma no puede ser permanente o inmutable.

En cada momento de la vida del idioma hay palabras que entran en circulación, palabras que están en *rodaje*, palabras que se ponen de moda, palabras que cambian de forma, palabras que cambian de contenido y otras que caen en desuso y acaban por ser olvidadas.

Desde la perspectiva de la integración vertical es posible exponer el caso de un grupo representativo de palabras que, incorporadas al idioma, lo enriquecen, en todos los casos, con independencia del significado que portan y son el resultado de la influencia del uso de términos científicos o tecnológicos en la vida cotidiana, o viceversa.

Adaptado de www.monografias.com

Pista 21. Tarea 1, p. 150

Música y emociones

La música es el motor y el espejo de nuestras emociones. A veces la utilizamos como motor y a veces como espejo. Pero, ¿cuándo la utilizamos como espejo? Pues esos días en los que estás triste, tristísimo, y coges seis cajas de *kleenex* y te sientas con la música más triste de toda tu discoteca porque no quieres parar de llorar en las próximas tres horas. O cuando estás exultante y alegre y te pones una música maravillosa, y te pones a bailar. O lo hacemos al revés, estamos tristes y nos ponemos una música alegre, o lo contrario. ¿Y por qué pasa esto? Porque la música llega a nuestro cerebro a través del sistema límbico, que es donde se administran nuestras emociones, y forma parte de nuestro inconsciente, no de nuestro consciente. El resto de la información que recibimos de otros sentidos, como la vista o el tacto, pasa primero por el consciente para llegar después también al inconsciente. Por eso, al oír una cadencia se nos pone la carne de gallina, porque antes de procesarla con la parte consciente de nuestro cerebro nuestra parte inconsciente ya la ha procesado y ha llegado a la zona de nuestro cerebro donde se administran nuestras emociones. Esto es lo que ha dado origen a la musicoterapia.

De la dicotomía entre qué se hace si se piensa racionalmente o si se siente lleva mucho tiempo hablando la humanidad. ¿Qué pasa cuando está sometido a una fuerte tensión emocional? ¿Somos capaces de pensar racionalmente? Pues parece que no, parece que nos cuesta mucho más pensar racionalmente cuando estamos sometidos a una fuerte tensión emocional, bien sea de pena o bien sea de alegría. Esto lo dijo Pascal de una forma mucho más poética, cuando dijo que: «Hay razones del corazón que la propia razón ignora». Dice que cuando estás enamorado no eres capaz de pensar, o que cuando estás con una pena muy profunda no es el momento de tomar decisiones. Esto la ciencia lo utiliza cada vez más y, por ejemplo, la música la han utilizado con gente de la tercera edad que ha visto mermadas sus facultades cerebrales, o con enfermos de alzhéimer, a los que sentaban a escuchar la misma cantidad de minutos de música agradable como de desagradable. ¿Y por qué? Para trabajar los dos lóbulos de nuestro cerebro; el lóbulo derecho administra las sensaciones agradables y el lóbulo izquierdo las sensaciones desagradables.

Todos tendemos a lo que nos resulta agradable, cómodo y preferimos escuchar lo que ya conocemos, por eso mismo, porque nos resulta agradable, cómodo. De ahí que los compositores actuales lo tengan tan difícil. En nuestra vida hacemos lo mismo: nos asentamos, cada vez nos cuesta más trabajo, a medida que cumplimos años, cambiar o asumir nuevos retos o nuevos desafíos. Y esa otra música desagradable activa también el lóbulo izquierdo del cerebro y te permite asumir estos nuevos retos.

El hecho de que la música llegue directamente a la zona de nuestras emociones se puede entender muy fácilmente si lo trasladamos al lenguaje. El lenguaje es un sonido y, sin embargo, lo procesamos racionalmente. ¿Qué es lo que no procesamos racionalmente? Los tonos de voz. ¿Cuántas veces decimos eso de «me ha dicho una cosa y no me ha gustado el tono en el que me lo ha dicho»? O al revés. ¿Ustedes se han fijado que los españoles somos muy proclives a esto? Vemos a dos amigos que llegan, hace mucho que no se ven y se dirigen el uno al otro una serie de insultos: «¡Pedazo de tal! ¡Qué alegría verte!». Si pusiéramos por escrito lo que se han llamado, la conclusión sería que están al borde de la agresión física…

Decíamos cómo la música nos puede afectar emocionalmente. Uno de los sentimientos que puede provocar la música y que todos reconocemos es el de tristeza, a pesar de la belleza de la música. No tiene nada que ver, puede ser una música extraordinariamente bella y extraordinariamente tranquila, pero puede llegarnos directamente al corazón y sacarnos la parte más melancólica, más triste, que todos llevamos dentro. Yo, como conclusión, diría que la capacidad que tiene para llegar a nuestro corazón es innegable, pero, además de eso, es que nos da belleza. El arte y la cultura creo que sacan lo mejor de nosotros mismos, creo que nos hacen mejores personas, más felices y más libres y, encima, nos lo hacen de forma bella y nos hacen crecer.

Adaptado de www.servicios.elcorreo.com

Conversación 1

Hombre: Conservatorio de música. Dígame…

Mujer: Buenos días. Les llamo porque quería información sobre las clases de música. He leído en su página web que no solo dan clases a los que quieren ser músicos profesionales.

Hombre: Así es. Aunque somos una institución dedicada a la formación de músicos profesionales o estudiantes de nivel superior, también ofrecemos formación de carácter general a través de cursos anuales (de octubre a junio) para todos los que estén interesados en recibir una formación musical.

Mujer: ¿Y cuándo comienzan?

Hombre: En septiembre hay que solicitar la plaza y si es admitida hay que formalizar la matrícula.

Mujer: Ya. Es que un año… No sé. ¿Hay también clases individuales?

Hombre: Sí, hay clases particulares por las mañanas y por las tardes. En estas clases se le enseñará lenguaje musical, si su nivel es inicial, y deberá elegir el instrumento que desea empezar a tocar, cuerda, viento, percusión… también hay también clases de canto a partir de los dieciséis años y talleres de iniciación a la música para los niños.

Mujer: Ya veo. ¿Y qué hay que hacer para matricularse?

Hombre: Tiene usted que traer una fotocopia de su DNI o de la partida de nacimiento si se trata de un menor de edad y una fotografía reciente a color tamaño carné. Puede rellenar *online* el formulario que hay en nuestra página web o venir por aquí, rellenarlo y pagar las tasas correspondientes en la secretaría del conservatorio.

Mujer: ¿Ofrecen algún tipo de beca o ayuda?

Hombre: Sí, pero solo para los alumnos regulares y que se hayan sometido a todas las pruebas de las que consta el proceso de admisión.

Mujer: Ya. Pregunto porque también me gustaría matricular a mi hija.

Hombre: Muy bien. Si es para los cursos superiores tendrá que pasar unas pruebas de acceso y dependerá también de las plazas que queden vacantes en ese curso.

Mujer: Oiga, ¿y cuándo son los exámenes?

Hombre: Los exámenes de admisión se realizan solo una vez al año, durante la tercera semana de septiembre. En nuestra página web o en los folletos que hay aquí en el centro tiene toda la información referente a los distintos niveles, carreras o especialidades que se ofertan. Así pueden hacerse una idea.

Mujer: Sí, eso haré. Muchas gracias por su amabilidad. Seguramente pasaré por ahí.

Hombre: Muy bien. Recuerde que nuestro horario es de 10:00 a 13:30 y de 17:00 a 21:00. Adiós y buenos días.

Mujer: Adiós.

Conversación 2

Mujer: Buenos días, mire, vamos a casarnos el mes que viene y queríamos saber qué servicios ofrecen ustedes sobre reportajes de boda, qué incluyen, precios, etc.

Hombre: ¿Nos conocían ya o es la primera vez?

Mujer: ¿La primera vez que nos casamos? ¡Claro…! No, no, una amiga nos ha recomendado venir aquí porque ustedes les hicieron el reportaje de la boda y quedó muy contenta.

Hombre: Entonces, seguro que ya les ha comentado que llevamos años haciendo reportajes gráficos y que ponemos especial interés en los momentos especiales que se producen antes y durante un día tan señalado en el que es importante captar la felicidad y complicidad que comparten con sus familiares y amigos, por lo que lo más frecuente es concertar una cita en casa de la novia para hacerse fotos con la familia e inmortalizar así los últimos minutos de soltera. Luego, el fotógrafo se desplazaría a la iglesia o al lugar donde se celebre la ceremonia para hacer su reportaje y, si hay una recepción o banquete, también debe darnos las indicaciones con tiempo para poder organizarlo todo y no perder detalle. Ya sabe: la tarta, el baile, los invitados…

Mujer: Sí, sí, eso es exactamente lo que teníamos pensado. Pero ¿cuánto nos va a costar?

Hombre: El reportaje completo: vídeo de los novios antes de la boda, preparativos de la novia, la ceremonia y la celebración… pues alrededor de 3500 €.

Mujer: ¿Tanto?

Hombre: Bueno, es que aparte del vídeo y del álbum tradicional encuadernado con fotografías en papel, les enviamos también cien fotografías de gran calidad en formato electrónico para que conserven sus recuerdos toda la vida.

Mujer: Sí, es una buena idea. Pero ¿usted cree que las fotos digitales son de buena calidad?

Hombre: No lo dude. La fotografía ha avanzado mucho y ya solo utilizamos materiales profesionales que usamos para fotografías artísticas que presentamos a concursos, exposiciones y demás… Si lo desean, también podemos hacer algunas fotos de estudio.

Mujer: Sí, eso estaría bien. Nos gustaría tener algunas de esas retocadas como recuerdo, especialmente para nuestros padres. Gracias por todo, lo pensaremos y le diremos algo.

Hombre: Muy bien y… ¡enhorabuena!

Conversación 3

Hombre: Oye, estaba pensando comprar un cuadro para el salón…

Mujer: Pues sí, yo también pienso que las paredes están demasiado desnudas.

Hombre: Es que el otro día vi uno en una sala de arte moderno que me encantó. Tiene una composición cromática impactante.

Mujer: Ya. ¿Y qué representa?

Hombre: Pues no sabría qué decirte exactamente, pero es de un artista muy renombrado…

Mujer: Mira, José, una cosa es admirar una obra en una sala especialmente iluminada y habilitada para ello y otra muy diferente colgar un lienzo en una pequeña habitación entre un montón de muebles y objetos antiguos.

Hombre: Pues yo no creo que la decoración del cuarto tenga por qué determinar qué cuadro vamos a poner…

Mujer: No, no si a mí también me gusta el arte, pero cuando se trata de un cuadro que vas a estar viendo todos los días de tu vida creo que es mucho mejor algo más tradicional, como un paisaje o un bodegón…

Hombre: ¿Naturalezas muertas? Quita, quita… Prefiero contemplar la pared vacía.

Mujer: Vale. No digo que pongamos un faisán con uvas, pero sí algo más relajante y que no contraste tanto con el resto de la casa. ¿No te gustaba tanto el impresionismo? Podríamos poner algún póster o una reproducción…

Hombre: Ni hablar. Eso es como colocar flores de plástico en un florero. Prefiero que se trate de un original, una obra de arte auténtica, aunque sea de un artista desconocido.

Mujer: Mira, en eso estamos de acuerdo. Pero que sea algo que nos guste a los dos.

Conversación 4

Hombre: Jo, vaya problema. No sé cómo decirles a mis padres que he decidido dejar Derecho y matricularme en Bellas Artes.

Mujer: Te comprendo. A muchos padres les gustaría que sus hijos fueran abogados en lugar de hacer algo que les guste realmente aunque luego las salidas laborales no sean tantas.

Hombre: Especialmente en mi familia. Ya sabes que mis dos abuelos lo eran y mi padre no pudo terminar sus estudios…

Mujer: Pues diles que, en realidad, las salidas profesionales no son tan pocas: puedes ser restaurador de obras de arte, director de un museo, galerista, crítico de arte, gestor cultural… Yo qué sé.

Hombre: Bueno, a mí lo que me interesa más es el diseño asistido por ordenador y la animación digital. Sería un sueño trabajar para un estudio como Pixar, ¿no crees?

Mujer: Sí, son increíbles los gráficos en tres dimensiones que crean el movimiento, las expresiones faciales de los personajes…

Hombre: No sé por qué la gente sigue teniendo la imagen de que los artistas son unos tipos bohemios que han nacido con un don especial y no necesitan estudios para ejercer su profesión.

Mujer: Hombre, no todo el mundo tiene ese concepto. Hoy en día la mayoría de los que se dedican o deciden estudiar Bellas Artes son personas con conocimientos de tecnología e informática y no solo de dibujo, pintura o grabado. La industria cultural es también muy importante. A mí me parece una decisión excelente, pero ¿estás seguro de que te van a admitir?

Hombre: ¡Vaya ánimos! A ver, según he visto, la nota sí me da para ello y creo que pasaré las pruebas de ingreso.

Mujer: Seguro que sí. La verdad es que tienes muy buena mano y haces unas caricaturas increíbles.

Hombre: ¡Gracias!

Roberto Feltri: barítono argentino

Entrevistador: Buenas tardes, queridos oyentes. Hoy tenemos el gusto de conversar con un gran baríto-no argentino Roberto Feltri, quien se ha ofrecido amablemente a ser entrevistado para nuestro programa. Me gustaría preguntarte, Roberto, si antes de tu elección por la lírica tuviste otras preferencias…

R. Feltri: Creo que en la vida de todo artista se suceden distintas etapas hasta encontrar la senda adecuada. Si bien me dieron instrucción musical desde muy pequeño -piano a los cuatro años y vio-lín a los diez-, no pensaba, en esos tiempos, en el canto lírico como una meta. Tuve una etapa donde me dediqué a la plástica. Eso fue por los 70, más o menos.

Entrevistador: ¿Qué fue lo que te hizo cambiar una expresión artística por otra?

R. Feltri: El influjo de la música, cuando se instala desde temprana edad, no se va más de tus en-trañas. Al contrario, aumenta cada día. Si bien un concierto sinfónico o vocal es la obra de arte más efímera, pues la exposición termina con el último acorde, lo que te moviliza interiormente -mien-tras se está ejecutando- no tiene comparación. El sonido te invade, la música te sacude y crea en tu mente las mil y una visiones y te habla del estado de ánimo que, imagino, tuvo el compositor en el momento de su creación. A eso se añaden tus propias emociones.

Entrevistador: ¿Por qué elegiste el canto, ya que tu base fue instrumental?

R. Feltri: Creo que venimos a este mundo dotados de forma natural para tal o cual actividad y yo comprendí que mi mejor forma de expresión era a través del canto donde me sentía más cómodo, más dueño de mí y donde me movía con mayor libertad.

Entrevistador: ¿Qué personajes te han dado mayor satisfacción en tu carrera?

R. Feltri: Todos. Tengo la suerte de poder decidir qué roles representar. Y los que elijo los siento muy intensamente. Indefectiblemente, todos tienen algo en común con mi personalidad. Siempre encuentro un rasgo de su carácter con el cual identificarme. De otro modo no podría interpretarlos: no sería creíble.

Entrevistador: Sin embargo, alguno debe ser tu preferido.

R. Feltri: Es cierto. Si bien a todos, tanto cómicos como dramáticos, los amo, hay uno al cual le he puesto mi vida cada vez que me tocó representarlo: Rigoletto.

Entrevistador: ¿Cómo lo ves?

R. Feltri: Como la máxima exaltación del amor filial. Un amor tan inmenso que lo lleva a la locura y al crimen. Y lo comprendo tanto porque de esa manera amo a mis hijos.

Entrevistador: ¿Cómo ves el panorama lírico en nuestro país?

R. Feltri: Totalmente dejado de lado. No hay de parte de las autoridades, que deberían ser las en-cargadas de apoyar, de estimular y promover inversiones en cultura e instrucción, ni un mínimo gesto de interés. Todo se hace a nivel privado, y eso, en la mayoría de los casos, reporta un sacrificio económico que no se recupera y la sensación es de estar luchando contra molinos de viento. A la larga produce hastío y muchos talentos se frustran o bien deben optar por emigrar. Es una situación injusta que parte indudablemente de una economía arrasada.

Entrevistador: ¿Crees que se puede revertir la situación?

R. Feltri: Cuando alguien con el poder suficiente comprenda que no solo es negocio apoyar una moda, que la cultura es el conocimiento de la variedad, para que luego, cada individuo, con criterio personal, no impuesto por discográficas que apuntan solo al lucro, elija su propio estilo, tal vez allí, comience a despuntar una sociedad más elevada, más libre y más equitativa.

Entrevistador: ¿Piensas que a la juventud le atrae el género?

R. Feltri: ¡Sin duda alguna! Basta con ir a cualquier función de ópera o concierto y ver la cantidad de jóvenes que asisten. Lo que sucede es que el pueblo no tiene oportunidad de hacerse oír y los intereses creados no quieren ver y escuchar los reclamos de los sectores que a ellos no les convie-nen. Es más fácil movilizar voluntades en la medida en que las vas sumiendo en la mediocridad y la desinformación. Analizá el nivel de lo que se escucha y se ve en los medios y compáralo con lo que se difundía tres, cuatro o cinco décadas atrás y el resultado es para horrorizarse. El descenso en la calidad y la ética fue brutal y hasta diría despiadado.

Entrevistador: Muchísimas gracias, Roberto, y que sigas cosechando siempre éxitos. Ha sido un placer tenerte en nuestro programa.

Adaptado de www.ompersonal.com.ar

Pista 24. Tarea 4, p. 153

DIÁLOGO 1
– ¡Qué barbaridad! Luisito es el vivo retrato de su padre.
– Sí, sí. Todos lo dicen y es verdad.

DIÁLOGO 2
– ¿Ya has terminado el relato, Federico?
– Sí, pero he sudado tinta para hacerlo.

DIÁLOGO 3
– El cuadro que has comprado es precioso, Pilar. Les va a encantar.
– Más vale, porque me ha costado un riñón.

DIÁLOGO 4
– La niña se ha empeñado en aprender *ballet* y vamos a inscribirla en la escuela de danza.
– Me parece muy bien que vaya. Siempre he pensado que tiene madera.

DIÁLOGO 5
– Qué portento de voz. Es un cantante maravilloso. ¿No te parece, Juan?
– Sí que tiene voz potente, sí, pero hace muchos gallos al cantar.

DIÁLOGO 6
– ¿Cómo has conseguido entradas para el estreno, Carlos? Pensaba que se habían agotado.
– La verdad es me las vi y me las deseé para encontrarlas.

DIÁLOGO 7
– No te pongas flamenco, Jaime. No lo soporto.
– No, Ana, no me pongo flamenco, pero me molesta que siempre quieras tener tú la última palabra.

DIÁLOGO 8
– Me ha encantado la conferencia, Rosa. Ha sido muy interesante.
– Sí, y además se veía que el conferenciante tenía muchas tablas.

DIÁLOGO 9
– Lucía, ¿por qué no traes también a tu hermano a la fiesta de cumpleaños?
– Mejor no, que está en esa edad en que montan escenas en público a la primera de cambio.

DIÁLOGO 10
– Este sábado hay un concierto de la orquesta sinfónica. ¿Vendrás, no?
– Sí, claro, porque tú lo digas, Yolanda… Como que no tengo nada mejor que hacer.

Pista 25. Tarea 1, p. 154

Coleccionar

Coleccionar es reunir, acumular objetos, artísticos o no, relacionados por un denominador común más o menos preciso. Cualquier objeto por pequeño o aparentemente insignificante al que el ser humano ha dado una función puede ser coleccionable, desde cuadros de un gran valor artístico y económico hasta envoltorios de naranjas y caramelos o cajas de cerillas. Las categorías de «coleccionables» son tantas casi como los objetos que ha producido el hombre a lo largo de su historia.

Estoy seguro de que muchos de ustedes con interés, afición, pasión, tesón y sus propios criterios se han aventurado por esta apasionante actividad. Puede ser una pasión que puede convertirse en obsesiva, la necesidad de poseer es un motor esencial del coleccionista, pero que siempre será enriquecedora y que le dará grandes satisfacciones.

El coleccionista es por definición un personaje singular. Independiente, apasionado, dispuesto a correr riesgos, capaz de decidir sobre una adquisición con rapidez, de comprometer en ello su dinero y su gusto. Nunca es un personaje mediocre, al contrario, muchos de los grandes coleccionistas han tenido o tienen un carácter legendario acompañado a menudo de una aureola de leyenda.

Alrededor de la figura del coleccionista se han creado muchas aproximaciones, incertidumbres y malentendidos. Su papel es determinante en el mundo de la cultura, primero como creador de un patrimonio, del que se hace responsable como guardián y custodio. Cuántos miles de cuadros y objetos se han salvado y han llegado a nosotros gracias a ellos. En muchos casos ese patrimonio ha acabado mediante regalos y donaciones en museos públicos y en muchos otros ellos han creado sus propias fundaciones permitiéndonos gozar de sus colecciones adquiridas a lo largo de muchos años y esfuerzo. En segundo lugar, el coleccionista juega un papel esencial en la historia del arte y del gusto, muchas veces como mecenas de artistas o movimientos artísticos que sin su apoyo no hubieran tenido la importancia que tienen.

No olvidemos que, hablando de una manera general, el artista está fundamentalmente preocupado en su búsqueda, inmerso en su proceso creativo, pero su cuadro o su objeto carece de sentido sin un destinatario, ese es el coleccionista. Está claro que en este entramado de la producción artística y del mercado tanto el agente, que puede ser un galerista, un marchante, una casa de subastas o un anticuario, como el crítico juegan también un importante papel.

A partir de los años 60 y, sobre todo, en las últimas décadas la proliferación de galerías, casas de subastas, anticuarios, ferias, museos, salas de exposiciones, etc., refleja el creciente interés por el arte y el coleccionismo, en el que aparece una vertiente más especulativa y comercial. Estar al tanto a través de revistas especializadas, catálogos y hoy en día Internet es algo obligado ya que este nuevo mercado se mueve con una rapidez inaudita, y el coleccionista lo último que quiere es enterarse de que aquello que buscaba se ha vendido a otro coleccionista.

Las variaciones de precios pueden ser muy considerables y en ciertas categorías de coleccionismo, como los cuadros, los errores pueden costar muy caros. El coleccionista bien informado ha sustituido al *amateur* ilustrado de fines del siglo XIX y principios del siglo XX.

Como dice el especialista del coleccionismo Krzysztof Pomian: «Es posible -ya se ven los primeros síntomas- que el aumento en el número de donaciones y de museos surgidos de colecciones particulares o nutridos con frecuencia de estas, junto con un trabajo educativo a cargo de los organizadores de exposiciones y de la crítica, acabe por cambiar la actitud del gran público sobre los coleccionistas induciéndoles a darse cuenta de que son «los personajes centrales del mundo de las artes» y en términos más generales de la cultura».

Adaptado de www.servicios.elcorreo.com

EXAMEN 6. Medios de comunicación y deportes

RUEBA 2 **Comprensión auditiva y uso de la lengua**

Pista 26. Tarea 1, p. 182 **(acento argentino)**

Violencia en el deporte

El deporte es un instrumento de desarrollo social, vinculado al bienestar y la salud de la población, como también a los valores de autosuperación, lealtad en la competencia, reconocimiento del mérito, solidaridad, igualdad de oportunidades y lucha contra la discriminación.

Es también una oportunidad para canalizar el esfuerzo humano hacia fines sociales útiles y su promoción contribuye con la lucha contra flagelos tales como las adicciones, proporcionando ámbitos adecuados para que la juventud aplique y ejercite sus potencialidades físicas y mentales.

El estudio de la violencia es ya, en la sociología del deporte, un capítulo obligado. Incluso la sociología del conflicto suele detener sus pasos en el punto en que la violencia se desata. La atención entre quienes consideran que los hechos humanos son influenciados básicamente por el ambiente, es decir, por la sociedad (creencia que está en la base de la sociología), y quienes los atribuyen a factores biológicos sigue todavía en pie.

Ashley Montagu sostenía que «la naturaleza humana es buena. Lo malo es la educación humana. Tenemos que adaptar esta a las exigencias de aquella y desengañar a la humanidad del mito de la maldad innata del género humano»... Es probable que Montagu tenga razón, pero entretanto los sociólogos centran su atención en aquellos fenómenos actuales, todavía no resueltos por la educación, que constituyen un problema social. Y actualmente la violencia en el deporte parece que constituye claramente un problema social.

Los deportes han evolucionado y en su proceso de desarrollo se ha comprobado cómo la violencia se viene reduciendo sistemáticamente. ¿Por qué razón, entonces, nos preocupa tanto hoy el fenómeno de la violencia?

En primer lugar, desde luego, porque la ola de violencia en torno al deporte provoca daños personales, materiales y morales que son evidentes. Pero especialmente porque, a causa de ese mismo proceso civilizatorio, nuestro umbral de tolerancia hacia la violencia ha descendido, y aunque tanto en términos absolutos como relativos la violencia sea menos intensa que en otras épocas, nuestra sensibilidad es más elevada que antes.

En la medida en que todos los deportes competitivos, especialmente los de equipo, se basan en el enfrentamiento por un recurso escaso como es la victoria, es esperable que en el transcurso de los enfrentamientos se produzcan situaciones primero de coacción e intimidación, y, en último extremo, de violencia. De hecho, algunos de estos deportes, como el boxeo, la lucha libre y las llamadas artes marciales, se basan específicamente en la práctica de la violencia controlada.

Naturalmente, el descontrol de los niveles de violencia en los deportes violentos, o la aparición de fenómenos de violencia en deportes considerados no violentos, constituye un problema importante en la actualidad. La obsesión por el *fair-play* lleva a los profesionales del deporte a sensibilizarse cada vez más frente a un comportamiento violento o superviolento. Y ello incluye, por supuesto, los conflictos dentro de los propios equipos, que hacen que, aunque de forma menos habitual que frente a miembros de equipos rivales, se produzcan enfrentamientos entre jugadores de un mismo equipo, o entre estos y el entrenador. Estamos, en suma, frente a un proceso de tensión controlada, en el que diversas estructuras de polaridad actúan sistemáticamente, provocando tensión.

Hay además conflictos que responden a motivos situacionales como la falta de entradas o la frustración por una derrota, casi siempre interpretada como injusta por los aficionados del equipo perdedor. En cuanto a los desórdenes inmotivados, supondrían la existencia de violencia irracional. Pero no deja de ser cierto que a veces la celebración exaltada y alcoholizada de una victoria puede empezar festivamente, pero terminar como el rosario de la aurora si la masa festiva se encuentra con grupos que expresen rechazo a su ruidoso comportamiento, o con hinchas del equipo contrario.

Adaptado de www.oni.escuelas.edu.ar

Pista 27. Tarea 2, p. 183

Conversación 1

Mujer: ¡Anda! Mira, Jaime, aquí están las fotos de la boda secreta de Pepe Márquez y Rosi Prada en Cancún.

Hombre: ¿Secreta? Pero ¿cómo secreta si aparecen en la revista?

Mujer: Bueno, hombre, ya sabes que estos *paparazzi* están por todas partes y en cuanto te descuidas…

Hombre: ¡Bah! Eso no te lo creas. Seguro que avisaron a los periodistas. Te lo digo yo. Esta gente gana un pastón con estas exclusivas.

Mujer: Que no, que no. Que ellos son una pareja muy discreta. Seguro que se han escapado y los han sorprendido.

Hombre: Mira, unas fotos hechas «a escondidas» no se verían tan bien ni con tanto detalle. Estas se las han tomado de cerca, y seguro que con su consentimiento.

Mujer: ¡Ay!, que te digo que no, y en todo caso, pues estarían en su derecho, ¿no? Son jóvenes, famosos y buenos profesionales así que, que aprovechen ahora, que esto no dura siempre.

Hombre: No, no. Si por mí… Pero, desde luego, lo que no entiendo es cómo puedes comprarte esas revistas.

Mujer: Pero si yo no la he comprado, me la ha dado Maite, la peluquera, porque se le ha quedado antigua.

Hombre: Eso, encima una revista antigua… En fin… ya decía yo…

Conversación 2

Mujer: Y pasamos a echar un vistazo a la actualidad deportiva. Contactamos con nuestro reportero, Jaime. Buenas noches ahí en Buenos Aires. ¿Qué nos cuentas de esta temporada?

Hombre: Hola, Ana, buenas noches. Pues para empezar, digamos que después de un año de pura angustia por el bajo promedio, River terminó el año con optimismo.

Mujer: Sabemos también que el técnico ya avisó a los hinchas que, de entrada, solo debían aspirar a una campaña de 32 puntos. ¿No es así?

Hombre: Así es, y lo han conseguido, ¿y qué más? Bueno, sí, tenemos que comentar las exclusiones que se han producido como una prueba de lo que se pretende, o sea, disciplina y trabajo grupal.

Mujer: Sí, la verdad es que algunos parece que lo andaban buscando desde hacía tiempo, y dinos, ¿qué hay del tema de las entradas?

Hombre: Pues resulta que las entradas para ver los partidos entre Boca y River que se jugarán en las ciudades de Mar de Plata y Mendoza subieron considerablemente con respecto a los últimos años. Los precios oscilarán entre los 600 y los 800 pesos cada una.

Mujer: ¡Caramba! Una subida importante. Gracias, muchas gracias, Jaime. Despedimos aquí la conexión con nuestro compañero y pasamos ahora al pronóstico del tiempo.

Conversación 3

Mujer: ¿Qué hacemos este finde, Jaime?

Hombre: Pues no sé, la verdad. Quizá podríamos ir a Cadaqués. Hace mucho tiempo que no vamos por esa zona.

Mujer: A ver, déjame ver la previsión del tiempo... Mira, aquí dice que hay intervalos nubosos y rachas de viento en la zona del litoral. Así que mejor no, que la zona de la costa en esas condiciones y con viento es un poco desagradable.

Hombre: Ya. Oye, ¿y si subimos a esquiar?

Mujer: Es una opción. ¿A ver el estado de las pistas? Mejor lo miro en Internet, que la información está más actualizada, aunque no sabemos si cambiará el fin de semana. Ya sabes que unos días antes es un poco… Veamos. La Molina, Baqueira, Vall de Nuria, cerradas por mal tiempo. Solo Port del Comte está abierta, pero con nieve húmeda.

Hombre: Pues nada, la verdad es que tampoco me apetecía mucho.

Mujer: ¿Y si hacemos algo diferente? Una ruta temática, por ejemplo. Mira, el otro día Neus me dijo que habían estado en el monasterio de Poblet y les había encantado.

Hombre: ¡Anda! ¿Por qué no? Y además podemos visitar algunos pueblecitos y comer por allí. He oído que hacen un cordero estupendo.

Mujer: Pues ya está decidido. Ruta cultural y gastronómica.

Conversación 4

Mujer: Hola, Miguel, ¿qué haces?

Hombre: Pues, mira, aquí, esperando que acabe la pausa y ojeando las noticias mientras tanto.

Mujer: ¿Y qué? ¿Qué pasa en el mundo?

Hombre: Pues nada bueno, la verdad. Como siempre. Todo noticias tristes y de desgracias.

Mujer: Sí, la verdad es que últimamente…

Hombre: Mira, por ejemplo, aquí dice que un piloto español ha perdido la vida al estrellarse su avioneta mientras combatía un incendio al sur de Chile, en el sector de Santa Juana. Todavía no se sabe por qué, pero parece que el aparato perdió el control.

Mujer: Quizá la avioneta estaba en mal estado o hubo algún fallo de algún tipo. O puede que se acercara demasiado al fuego.

Hombre: Sí, puede ser. Lo peor es que dice que todavía no han encontrado el cuerpo del piloto. ¡Qué horror! Por cierto, la noticia comenta que este tipo de incidentes suelen ser frecuentes en esta zona.

Mujer: Pobre hombre, ¿y qué más?

Hombre: Pues, chica, no sé si seguir leyendo. A ver, ¿de qué quieres que te hable? Tenemos de todo, atentados, guerras, crisis económica…

Mujer: No sé, busca algo más positivo. Dame alguna noticia alegre.

Hombre: Pues la última que te doy tampoco es alegre: se acabó la pausa, ¡a trabajar!

Mujer: Ja, ja, ja... ¡Vaya! Pues esta última tampoco es muy buena que digamos.

Edurne Pasaban

Entrevistador: En 2004, Edurne Pasaban consiguió coronar la cumbre del K2 rompiendo así la maldición que parecía pesar sobre sus antecesoras, quienes dejaron su vida en el descenso de esta cumbre o en otros ocho miles. Edurne, eres la española con más cumbres alcanzadas, pero hasta llegar aquí has vivido experiencias únicas. De tu caja de memorias, sácanos el recuerdo más dulce y el más amargo.

Edurne: Me quedo con el momento que estoy viviendo ahora. Hoy no solo he superado el reto de acabar los catorce ocho miles, sino que además puedo vivir de lo que a mí me gusta.
El momento más duro es cuando pierdes un amigo o tienes un accidente. Recuerdo la expedición al K2 y todos los problemas que tuve en la bajada, incluso me tuvieron que amputar dedos del pie. Allí me planteé si valía la pena lo que estaba haciendo.

Entrevistador: ¿Qué es lo que os lleva a practicar un deporte tan arriesgado?

Edurne: Yo nací en un ambiente muy familiar. Estudié ingeniería y parecía que ya estaba claro cuál iba a ser mi futuro profesional, pero no me hacía plenamente feliz. La montaña, en cambio, era como un reto para mí y yo creo que en esta vida tienes que apostar por las cosas que tú quieres. Mi objetivo era conseguir vivir de este deporte, porque la montaña me apasiona y me da libertad.

Entrevistador: ¿En qué consiste tu preparación física?

Edurne: La preparación física me la supervisa el centro de alto rendimiento de Sant Cugat. Allí trabajo sobre todo la capacidad aeróbica, hago entrenamientos de larga duración, bicicleta por la mañana durante dos o tres horas y por la tarde voy al gimnasio o a correr al monte durante una hora y media. Dentro del CAR, también cuento con la atención médica y de los fisioterapeutas. Esto lo valoro mucho, porque el que te den unas pautas de alimentación y te ayuden cuando tienes cualquier problema de salud no tiene precio.

Entrevistador: En el año 2005, recibiste el premio del Comité Olímpico Español a la mejor deportista del año por ser la española con más cumbres alcanzadas hasta ese momento. ¿Qué sentiste al recibirlo?

Edurne: ¡Fue una gran satisfacción! Este es un paso más para conseguir que se hable de alpinismo, no solamente cuando hay una desgracia. No debemos olvidar que los que hacen alpinismo son deportistas superpreparados, cuyo objetivo es llegar a la cima de una montaña.

Entrevistador: ¿Cuáles son los problemas de salud que más pueden afectar a alguien que practica este deporte?

Edurne: Lo primero que se ve afectado, cuando estás a una gran altura, es la falta de oxígeno y esto provoca una atrofia en la musculatura. Por eso, no conviene ir *supercachas* porque el músculo te come el oxígeno y eso naturalmente no es lo que buscas. Debes conseguir un equilibrio a nivel muscular. Nosotros, además, tenemos un gran problema y es que nos alimentamos muy mal.

Entrevistador: ¿En qué consiste vuestra dieta cuando estáis en una expedición?

Edurne: Pues sencillamente en alimentos envasados al vacío y liofilizados por aquello del peso, pero al final te aburre tanto lo que estás comiendo que… Yo, personalmente, en el campo base me alimento bien, pero en altura como muy mal y eso hace que no rinda lo que tengo que rendir. De hecho, en la bajada del K2 me dio una pájara por no haber comido ni bebido nada durante cuarenta y ocho horas. Entonces, a 7 000 metros de altura me tiré y les dije: «¡Idos y dejadme morir aquí!»… porque no podía más. Dios mío, ¡qué experiencia! Sí, fue durísimo, ¡aquel día le vi las orejas al lobo!

Entrevistador: El 17 de abril de 2010 alcanzas la cima del Annapurna y un mes más tarde coronas el Shisha Pangma, completando así los 14 ochomiles. ¿Qué recuerdas de estas dos experiencias?

Edurne: Bueno, ha sido la culminación de un sueño. El Annapurna fue mi decimotercer ochomil. Ya había intentado ascenderlo en 2007, pero no pudo ser y en esta ocasión las cosas también se complicaron porque tuvimos que ir demasiado pronto y había demasiada nieve. Incluso no sabíamos si los porteadores que llevaban todo al campo base iban a poder subir también. Pero al final lo conseguimos. El Shisha Pangma se consiguió en el quinto intento. Aquí también nos encontramos con algunas dificultades porque tuvimos que estar casi tres semanas esperando a que amainara el tiempo, pues la nieve y el viento no dejaban oportunidad de atacar la cima.

Entrevistador: Edurne, ¿lo próximo?

Edurne: Habrá otras cosas, y más montaña. Como ya he dicho cuando veo una montaña en cualquier parte del mundo, me salen las lágrimas, y algo suena dentro de mí. Eso quiere decir que es imposible dejarlo, ya que es un síntoma de mi propia felicidad.

Adaptado de www.siempreenplay.com

Pista 29. Tarea 4, p. 185

DIÁLOGO 1
– Oye, Luisa, ¿qué dicen en la tele sobre el tiempo para mañana?
– Pues parece que los chubascos remiten por el este y que bajarán las temperaturas en esa zona y en la sierra. Lloverá algo en el norte de la comunidad.

DIÁLOGO 2
– Paco, ¿qué hacemos esta noche?
– No sé. He visto en unos carteles del metro que estrenan un musical en la Gran Vía, pero déjame ver si hay algo más interesante en la cartelera.

DIÁLOGO 3
– ¿Cómo van las tensiones en la capital?
– Parece que los últimos tiroteos están deteriorando el clima político.

DIÁLOGO 4
– ¿Alguna novedad deportiva, Pablo?
– Sí, el Barcelona está a punto de hacer un fichaje histórico.

DIÁLOGO 5
– Y dime, Amadeo, ¿qué tal el partido de dobles? ¿Ganasteis o lo hicieron las chicas?
– No estuvo mal, al final hubo empate.

DIÁLOGO 6
– Mira, Carmen, ¿ese no es el juez aquel que llevaba lo de las escuchas ilegales?
– ¡Qué va!

DIÁLOGO 7
– ¿Qué tal el partido del domingo, Julio? ¿Cómo acabó?
– ¡No me hables! ¿Cómo quieres que acabara con el guardameta que nos ha tocado?

DIÁLOGO 8
– ¡Qué bien juega Felipe! ¿Verdad?
– ¡Psssst! ¡Siempre está lesionado!

DIÁLOGO 9
– Mira, Marta, aquí dice que han aparecido muertos cuatro tripulantes de una patera.
– ¡Madre mía! ¡Pobre gente!

DIÁLOGO 10
– Oye, Bruno, ¿se saben ya los resultados?
– Pues parece que Flores ha arrasado en las urnas.

RUEBA 3 **Expresión, mediación e interacción escritas**

Pista 30. Tarea 1, p. 186 (acento argentino)

Periodismo ciudadano

Poco a poco, los diarios electrónicos han visto cómo aumenta tanto su número de visitas como el de consultas de sus páginas, convirtiéndose en una fuente de información global.

El concepto de *información* incluye la disponibilidad de los mensajes y el uso humano que se hace de ellos. Ahora bien, los medios de comunicación no son solo emisores de mensajes, sino también diversas instituciones sociales están implicadas en la trama institucional desde la que informan, para la que informan y sobre la que informan.

Los nuevos medios, más volcados en la construcción de democracia, ponen mayor énfasis en la fuerza de la participación ciudadana, más allá de los intereses empresariales, pero sin olvidarlos del todo.

Los últimos datos sobre páginas web hablan de más de dos mil millones de páginas web. Pero ¿quién escribe todo ese material? Son contados los casos en los que hay periodistas implicados en la producción de toda esa ingente cantidad de información que llega a la red.

Desde un punto de vista profesional, esta afirmación supone dar a entender que una gran parte de la columna vertebral de la sociedad de la información está en manos de gente que de repente se ha lanzado a la actividad comunicadora con un frenesí tal que se han convertido en los nuevos adalides de Internet.

Los weblogs, quizá el mejor ejemplo de esto que estamos afirmando, han democratizado la publicación en línea y han posibilitado a muchos informar y opinar en un formato que desmonta gradualmente los muros que cercan la participación en los medios en línea al foro o a una lista de distribución. Hoy día, las aportaciones de los lectores llegan a la información y millones de reflexiones, críticas y crónicas de lo que pasa a nuestro alrededor son publicadas cada día en páginas personales. Los weblogs han disparado en los últimos años el fenómeno de los diarios personales al facilitar el proceso de publicación.

Estamos ante el denominado *periodismo participativo* o *ciudadano*, pero qué entendemos bajo esta denominación. El término *periodismo participativo* define el acto de un ciudadano, o un grupo de ciudadanos, con un rol activo en el proceso de recogida, análisis y difusión de noticias e información. En el fondo subyace la idea de que la gente sea quien recabe la información y la transmita a otras personas.

Debates recientes entre profesionales de la información se centran sobre si este tipo de periodismo, llevado a la práctica de manera individual o colectiva, es un ejercicio periodístico y ha de ser considerado como tal. Y como establece José Luis Martínez Albertos, la información veraz -o información técnicamente correcta- tiene lugar cuando el mensaje cumple, acumulativamente, estas tres condiciones: es una noticia debidamente deslindada, es una noticia rigurosamente verificada y es una noticia adecuadamente contextualizada.

La pregunta que debe plantearse es si el periodismo ciudadano está en condiciones de respetar estas normas deontológicas, inseparables del propio concepto clásico de *periodismo*. No cabe duda que corresponde a aquellos lectores implicados en el proceso de recogida, análisis y difusión de la información el ganarse la credibilidad del resto de los lectores. Será la labor continuada del día a día, a partir de las aportaciones realizadas, las que le harán ganarse la reputación y el respeto de los demás.

Aun a riesgo de parecer alarmista, de acuerdo con lo hasta aquí manifestado, absolutamente discutible y revisable, en el momento actual el periodista corre el riesgo de verse apartado de su quehacer tradicional. Hay que ser conscientes de que es algo innovador, pero también es algo peligroso el hecho de que los lectores se conviertan en periodistas por un día. Parece claro que ante una audiencia cada vez menos pasiva, la vinculación del público en el proceso informativo será algo fundamental en el ejercicio periodístico del futuro inmediato. Algunos medios ya lo han entendido así y trabajan en esa dirección. Otros, por el contrario, aún se manifiestan recelosos de otorgar a sus lectores un protagonismo que no les corresponde. La cuestión está sobre la mesa y desde la brevedad de estas líneas no es posible hacer un análisis más profundo, que queda para un posterior estudio más detallado centrado en esta cuestión.

Adaptado de www.monografias.com

CARACTERÍSTICAS Y CONSEJOS

Pista 31. Tarea 1, p. 200 (acento mexicano)

Cambio climático

Deforestación, agotamiento de recursos naturales, búsqueda desmesurada de poder, consumo excesivo, incendios, agricultura… No hablamos de la sociedad actual, sino de la civilización maya, que desgastó su tierra con un consumo desmedido. La historia maya es la mejor analogía de la sociedad actual. ¿Se actuará para frenar los excesos? ¿Y para frenar el cambio climático? Por ahora, el camino es similar.

«Estamos repitiendo la historia», asegura Richard Hansen, arqueólogo en la Universidad Estatal de Idaho (EE. UU.), y presidente de la Fundación para la Investigación Antropológica y Estudios Medioambientales.

Los acontecimientos climáticos extremos, la propagación de enfermedades, el aumento de la pobreza y la sequía, el derretimiento de glaciares, las inundaciones, y la contaminación no son más que la señal del alcance del cambio climático que el ser humano está acelerando.

La civilización maya abandonó sus tierras desgastadas hacia otros lugares. La producción de cal para sus pirámides y la deforestación les obligó a migrar. «Fue un consumo conspicuo de cal. Solo para cubrir la pirámide del Tigre, por ejemplo, se requirió una deforestación total de 1630 hectáreas de bosque verde. Al deforestar el bosque, el barro natural se sedimentó en los subsuelos y arruinó la capacidad agrícola de los mayas, que consumieron su propia existencia.

Los «viajeros en el tiempo», como también se llama a los mayas, provocaron un cambio ambiental regional, pero «el nuestro es global, y afectará a 6000 millones de personas. ¿Dónde iremos? No nos queda más territorio», alerta Vida Amor de Paz, presidenta de la Fundación guatemalteca del Bosque Tropical.

Curiosamente el territorio que conoció la gloria maya, con sus conocimientos y ciencia, desde México hasta Honduras, sigue siendo una de las zonas más vulnerables al cambio climático. La fuerte dependencia de la agricultura, sobre todo para la producción de alimentos, el aumento o la ausencia de las lluvias, y la situación geográfica (entre los dos océanos) hacen de Centroamérica y el Caribe zonas vulnerables al cambio climático por el aumento del nivel del mar, los huracanes y otros acontecimientos climáticos.

Pista 32. Tarea 2, p. 201

Conversación 1

Mujer: Refugio Casa de los Acebos, buenos días.
Hombre: Sí, hola, buenos días, llamo para informarme sobre algunas cuestiones relacionadas con su establecimiento. He visitado su página web y me ha parecido muy bien ubicado y con excelentes instalaciones.
Mujer: La verdad es que el entorno es inigualable.
Hombre: Verá, somos un grupo de amigos que pensamos pasar unos días en ese valle y hacer algunas excursiones y estamos buscando un lugar que se ajuste a nuestras necesidades, es que somos un grupo bastante numeroso y…
Mujer: El número no es problema. En nuestras instalaciones se puede alojar un máximo de 40 personas.
Hombre: Genial, pero es que vamos con niños.
Mujer: Bueno, estamos en un paraje rodeado de naturaleza y ofrecemos unos servicios que nos diferencian de la mayoría de los establecimientos rurales, pues además de proporcionarles folletos y mapas con rutas, contamos con un equipo de monitores que programan actividades diarias para los más jovencitos: paseos a caballo, tiro con arco, escalada, talleres, juegos, etc.
Hombre: Vaya, eso suena muy bien. ¿Y cómo va el tema de las habitaciones?
Mujer: Tenemos habitaciones de seis, ocho y diez personas. Los niños pueden dormir juntos en habitaciones de seis u ocho plazas. Los horarios de comida son iguales para todos y se come en la misma sala en mesas de diez personas.

Hombre: Muy bien, así todos estaremos contentos haciendo lo que nos gusta y estamos tranquilos sabiendo que estarán atendidos. ¿Puede informarme también sobre los precios y la disponibilidad?

Mujer: Bueno, depende de la temporada y del número. Si le parece, me da su dirección de correo electrónico y le enviamos las tarifas según fechas.

Hombre: Perfecto. Tome nota: plmenendez4@yahoo.com.

Mujer: De acuerdo, señor Menéndez, mañana tendrá toda la información para que tomen su decisión cuanto antes. Recuerde que en caso de estar interesados pueden reservar también por Internet.

Hombre: Muchas gracias. Buenos días.

Mujer: Buenos días.

Pista 33. Tarea 3, p. 202 (acento mexicano)

Entrevistador: Buenas tardes, señor Rulfo. En primer lugar, le queremos dar las gracias por estar aquí. ¿Nos podría comentar un poco su formación como escritor?

J. Rulfo: Bueno, en realidad es un poco difícil buscar el origen de esa formación, ya que no fue formal, sino más bien arbitraria, si se quiere, basada en lecturas no sistemáticas sino de cuanta cosa me caía en las manos. Por lo tanto no hubo una disciplina formal, una búsqueda tal vez de algo que gustara, que tuviera aspectos humanos coincidentes.

Entrevistador: Díganos, entre estas lecturas más o menos caóticas, ¿había algunas obras que tuvieran alguna importancia especial?

J. Rulfo: Pues sí. Entre ellas, las obras de Knut Hamsun, las cuales leí -absorbí realmente- a una edad temprana. Tenía unos catorce o quince años cuando lo descubrí. Me impresionó mucho, llevándome a planos antes desconocidos, a un mundo brumoso, como es el mundo nórdico, ¿no? Pero que al mismo tiempo me sustrajo de esta situación tan luminosa donde vivimos nosotros, este país tan brillante, con esa luz tan intensa. Quizá por cierta tendencia a buscar precisamente algo nublado, algo matizado, no tan duro y tan cortante como era el ambiente en el que uno vivía.

Entrevistador: ¿Podría dar una idea de cómo llegó a encontrar la manera de escribir *Pedro Páramo*?

J. Rulfo: Pues, en primer lugar, fue una búsqueda de estilo. Tenía yo los personajes y el ambiente. Estaba familiarizado con esa región del país, donde había pasado la infancia, y tenía muy ahondadas esas situaciones. Pero no encontraba un modo de expresarlas. Entonces simplemente lo intenté hacer con el lenguaje que yo había oído de mi gente, de la gente de mi pueblo. Había hecho otros intentos -de tipo lingüístico- que habían fracasado porque me resultaban poco académicos o más bien falsos. Eran incomprensibles en el contexto del ambiente donde yo me había desarrollado. Entonces el sistema aplicado finalmente, primero en los cuentos, después en la novela, fue utilizar el lenguaje del pueblo, el lenguaje hablado que yo había oído de mis mayores, y que sigue vivo hasta hoy.

Entrevistador: ¿Cómo ve usted el hecho de que algunos críticos digan que *Pedro Páramo* es una novela oscura?

J. Rulfo: Bueno, para mí también, en realidad, es oscura. Creo que no es una novela de lectura fácil. Sobre todo intenté sugerir ciertos aspectos, no darlos. Quise cerrar los capítulos de una manera total. Se trata de una novela en la que el personaje central es el pueblo aunque algunos críticos hayan querido ver a Pedro Páramo en ese papel. En realidad es el pueblo, un pueblo muerto donde no viven más que ánimas, donde todos los personajes están muertos, y aun quien narra está muerto. Entonces no hay un límite entre el espacio y el tiempo. Los muertos no tienen tiempo ni espacio. No se mueven en el tiempo ni en el espacio. Entonces así como aparecen, se desvanecen. Y dentro de este confuso mundo, se supone que los únicos que regresan a la tierra (es una creencia muy popular) son las ánimas, las ánimas de aquellos muertos que murieron en pecado. Y como era un pueblo en el que casi todos morían en pecado, pues regresaban en su mayor parte. Habitaban nuevamente el pueblo, pero eran ánimas, no eran seres vivos.

Entrevistador: Esperamos que hayan disfrutado del programa de hoy y nos despedimos de ustedes hasta nuestro próximo programa.

Adaptado de la entrevista original publicada en Siempre!
La cultura en México, a la que Juan Rulfo respondió por escrito.

Pista 34. Tarea 4, p. 203

DIÁLOGO 1
– Oye, Chema, ¿me dejas el coche este sábado? Es que Merche, ya sabes, la chica de Roberto, da una fiesta en el chalé y no tengo forma de ir.
– ¿Otra vez? ¿Pero tú de qué vas?

DIÁLOGO 2
– ¿Qué tal la peli, María?
– Un poco flojilla, la verdad, aunque la banda sonora, todo hay que decirlo, se sale.

DIÁLOGO 3
– ¡Ay, Mario! ¡Qué frío! ¿No?
– ¡No pienso poner la calefacción! Me estoy ahogando.

PRUEBA 3 **Expresión, mediación e interacción escritas**

Pista 35. Tarea 1, p. 204

Conferencia de la escritora Espido Freire

Una de las maneras más frecuentes de discriminación es la que impone la dictadura de la llamada *literatura femenina*. Yo no sé si ustedes son aficionados a seguir las críticas literarias, pero, desde luego, cada vez que se menciona que un autor o una autora escribe literatura femenina inmediatamente se le está despreciando. Se entiende que *literatura femenina* es lo que leen las mujeres en sus casas; esas novelas un poco sentimentales, rosas, en las que existe una historia de amor. Pues bien, si atendemos a los datos actuales del Ministerio de Educación y Fomento, quienes están sosteniendo la cultura, la literatura, el comercio relacionado con los libros y con las revistas son precisamente esas *marujas* que leen en sus ratos libres.

Las mujeres en general somos, hoy por hoy, las mayores lectoras de ficción; otra cosa son los periódicos y los ensayos. Y las novelas de ficción se mantienen básicamente porque existe una población de mujeres que dedican su ocio, su tiempo libre, a leer, a inquietarse por otro tipo de historias, a cultivar una serie de sentimientos que tradicionalmente han sido siempre despreciados por una sociedad que se ha dedicado a esclavizar tanto a hombres como a mujeres mediante una serie de valores.

De hecho, los hombres han tenido que sufrir, como todos sabemos, la dictadura de la no expresión de emociones; no ya de sentimientos, ni siquiera de emociones. Creo que en la mente de casi todos ustedes estará ese recuerdo de algún miembro varón de la familia que no lloró en el entierro de su esposa, de su madre o de sus hijos, aunque estaba desgarrado por dentro, porque existía todo un mundo de connotaciones sociales despectivas hacia el hombre que era capaz de emocionarse: podía ser un payaso, un afeminado, alguien sin traza.

Bien es cierto que, por suerte, eso, poco a poco, va desapareciendo; mas se sigue observando con bastante recelo incluso a la mujer que expresa demasiado sus sentimientos. Se dice de ella que es una histérica, una mujer sin control, eso de «que crezca de una vez», y muchos siguen preguntándose por qué ha de mostrarse tan feliz; aunque, claro está, enseguida hay una justificación: «Bueno, será que tiene algún cambio hormonal». Ahí es cuando entra en juego la terrible frase de «estará con la regla». Es decir, que cualquier tipo de expresión de emociones, de sentimientos, tristeza, alegría, angustia, ha sido siempre despreciada tanto en hombres como en mujeres, algo sin lo cual la propia literatura no puede concebirse. Así que, en el fondo, no es de extrañar que, en muchas ocasiones, los hombres, incluso instintivamente, sin pretenderlo, rechacen esas historias de ficción a favor de novelas más documentadas, novelas históricas, ensayos, etc.; quizá porque han recibido una educación que les ha ido orientando hacia esa faceta. Lo que no quita para que exista, por supuesto, un gran número de estupendos lectores masculinos que han sabido eliminar de su mente ese tipo de presiones, que han disfrutado, desde un inicio, con la lectura y a los que les importa un bledo si los escritores y sus personajes son mujeres u hombres, si personas mayores o si personas jóvenes.

Extraído de http://servicios.elcorreo.com

RESPUESTAS EXPLICADAS

EXAMEN 1. Educación y formación

LÉXICO

EDUCACIÓN Y FORMACIÓN p. 10

1. a. tesina; b. reglada; c. recuperación; d. beca; e. instituto; f. implementar; g. manual; h. instruida; i. han convalidado; j. capacita.

2. a. asignaturas; b. novillos; c. estrategias; d. acoso; e. tribunal; f. magistral; g. sanción; h. académica.

3. a. vocal; b. empollar; c. decano; d. presenciales; e. acreditar; f. transmitir.

4. Posibles respuestas. a. iletrado, culto; b. triunfo, fracaso; c. formarse, desaprender; d. capaz, inepto; e. apertura, clausura; f. sabiduría, ignorancia.

5. 1. a. *mayoría*, ya que el número de estos profesores es alto (un gran número), pero no absoluto (totalidad); *minoría* no tiene sentido en este contexto; 2. c. *impartir* se utiliza para indicar que los profesores enseñan una asignatura o materia; *asignar* tiene el sentido de *señalar lo que corresponde a alguien o algo;* 3. b. *profesorado* es el término correcto para referirse al grupo de maestros o docentes en general. Un *mentor* es un consejero o guía; 4. b. *formación* hace referencia al proceso de aprendizaje y preparación en un campo, en este caso, magisterio; 5. a. *crítico* se refiere a algo crucial o decisivo, lo que tiene sentido en el contexto, pues habla de un momento importante en el desarrollo de los estudiantes; 6. c. *educativos*, porque los *planteamientos educativos* se refieren a los enfoques o métodos de enseñanza; 7. c. *al menos* es la forma correcta para indicar que es lo mínimo que se espera (= como mínimo); 8. a. *centro* es el término adecuado para referirse a una institución educativa; 9. b. *caída* puede referirse a algo físico o, como en este caso, un descenso rápido en el entusiasmo (hacia la escuela); 10. b. *repetición,* ya que, por el contexto se refiere al aumento del número de personas que repiten un curso o nivel; 11. a. *cursos,* ya que antes se ha mencionado 6º de primaria y 1º de la ESO, es decir, dos cursos; 12. c. *alumnos* es el término adecuado en este contexto para referirse a los estudiantes, ya que se está hablando de que los niños conocen a otros estudiantes como ellos; 13. b. *carrera* es la opción correcta aquí, pues se refiere al ejercicio de una profesión o actividad; *trayectoria* indicaría el recorrido profesional que realiza un individuo a lo largo de su vida laboral y *vocación* se refiere más bien a la pasión o el gusto por algo; 14. c. *docente* es un término más amplio que puede aplicarse a una variedad de contextos educativos, mientras que *maestro* suele tener una connotación más específica; 15. b. *blocs* es el término adecuado para referirse al objeto que los alumnos usan en la escuela para escribir o tomar notas.

6. a. 4; b. 1; c. 8; d. 7; e. 2; f. 6; g. 5; h. 3.

7. Posibles respuestas. a. disciplinario/disciplinado, disciplinar; b. opositor, opositar; c. didáctico, didactizar; d. calificativo/calificado, calificar; e. evaluativo/evaluado, evaluar; f. instructivo/instruido, instruir; g. motivador/motivado/motivante, motivar; h. orientativo, orientar.

8. a. innovador; b. conocimientos; c. formativa; d. continua; e. resultados; f. importancia; g. interdisciplinario; h. respuesta.

9. a. generar (no está relacionado con el aprendizaje); b. instruir (aquí aparece como transitivo, una persona instruye a otra); c. favorecer (no está relacionada con demostrar algo); d. definir (no está relacionado con validar, autorizar); e. otorgar (tiene un significado positivo); f. asociar (no está relacionado con sintetizar, resumir).

10. a. 2; b. 8; c. 9; d. 6; e. 10; f. 1; g. 5; h. 7; i. 4; j. 3.

12. a. 4; b. 6; c. 5; d. 1; e. 2; f. 3.

GRAMÁTICA

SERIE 1 p. 14

1-A: cuyos. Se establece una relación de posesión entre el antecedente de persona *estudiantes* y lo poseído *trabajos de investigación,* por lo que se utiliza el adjetivo relativo posesivo que concuerda en género y número con el sustantivo.

2-C: Ø. Con verbos como *elegir, nombrar,* etc., y otros con el sentido de 'señalar para un cargo, puesto o mérito', no se usa el artículo.

3-A: mínimo. *Menos* es un adjetivo comparativo que precisa, explícita o implícitamente, un segundo término de comparación. *Ínfimo* es el superlativo de *bajo* en relación con la calidad o la importancia de algo; *mínimo* se usa para hablar de la cantidad o grado más bajos de algo. En este contexto, se refiere a la cantidad de trabajo más pequeña posible y no a la calidad.

4-B: tampoco. La frase tiene un sentido negativo, por lo que precisa de un adverbio negativo delante del verbo para tener sentido. *También* y *siquiera* no lo son.

5-A: Cuál. Se utiliza este interrogativo cuando la pregunta implica una selección entre varios elementos de un grupo ya conocido o delimitado (*de estos libros*) y no va inmediatamente seguido de un sustantivo. *Cuántos* se usa para preguntar por la cantidad y el verbo tendría que ir en plural (*parecen*).

6-C: venden. En este tipo de oraciones en las que no importa quién realiza la acción (pasivas reflejas) se utiliza *se* + verbo en tercera persona y el verbo concuerda en número con el sujeto pasivo (*libros de Medicina*). La perífrasis *estar* + participio indica una pasiva de resultado (ya ha terminado la venta) y no de proceso.

7-C: que. Cuando se utiliza un antecedente de persona (*aquellos*) seguido de relativo, este debe ser *que*. El relativo *que* con artículo (*el, la, los, las que*…) y el relativo *quien/es* sustituyen a un antecedente, pero no lo complementan (no van detrás de él).

8-A: ahí. El adverbio de lugar *ahí* y el demostrativo *esa* indican la misma posición de cercanía intermedia respecto a la persona que habla.

9-C: que. Este tipo de construcciones con *que* + infinitivo se usan frecuentemente para enfatizar que una acción está pendiente de realizarse. Cuando se utiliza un antecedente no personal, el relativo que lo complementa debe ser *que*. Solo cuando no se menciona el antecedente o tras este hay una preposición, se utilizan los relativos *que* o *cual/es* con artículo.

10-A: El tener. El infinitivo puede usarse como sustantivo (aquí en función de sujeto) y puede ir acompañado del artículo, como en este caso. *De* + infinitivo indica una condición (si tengo, si tuviera), pero no tiene sentido en esta frase. El verbo en gerundio indica el modo de hacer algo, que no corresponde al contexto.

11-B: ganase. *Aun cuando* equivale a la concesiva *aunque*. En este tipo de oraciones, cuando se expresa una hipótesis que no impide la realización de la acción principal, se utiliza el modo subjuntivo. El verbo subordinado *ganase* está en imperfecto de subjuntivo porque se utiliza para expresar una situación hipotética, no real, dependiendo de un verbo en condicional. El presente de indicativo y el condicional son incorrectos.

12-A: fuera. *Como si* introduce una situación hipotética o contraria a la realidad, por tanto se utiliza con imperfecto de subjuntivo para referirse a una hipótesis irreal actual. Se utilizaría pluscuamperfecto de subjuntivo si expresara una hipótesis irreal pasada (que no se produjo).

SERIE 2   p. 14

1-B: cuyos. Se establece una relación de posesión entre el antecedente *investigaciones* y lo poseído *sus resultados*, por lo que se utiliza el adjetivo relativo posesivo que concuerda en género y número con el sustantivo.

2-A: Ingeniería Industrial. Los sustantivos referidos a disciplinas o carreras suelen ir sin artículo y hablan de esas áreas de estudio en términos abstractos o generales. *Para* iría necesita el título (= *para ser* ingeniero industrial).

3-C: enésima. El adjetivo *enésimo/a* se refiere a una cantidad que no puede determinarse. *La enésima* parte expresa una porción muy pequeña e indeterminada de un total, pero no la mínima, como expresan *menos* (comparativa) o *menor* (superlativa).

4-A: Toda. La oración expresa una idea generalizadora, un requisito general. *Toda persona* significa la totalidad, sin excluir a nadie. El adjetivo *alguna* señala a un individuo de la totalidad, lo cual no concuerda con el sentido de la frase. *Cada una* no puede ir con un sustantivo (*persona*), sino sustituirlo.

5-C: Quienes. El relativo *quien/quienes* se refiere a personas y puede introducir oraciones subordinadas con antecedente expreso o sin él (como en este caso). Podría utilizarse también *los que* como relativo sin antecedente en función de sujeto, pero no *los cuales*.

6-B: Qué. Cuando se pregunta por una selección entre opciones de un grupo (*libros*) se utiliza el interrogativo *qué*. Solo cuando el grupo es específico y determinado y no se menciona el sustantivo, se utilizaría *cuáles*. *Cuánto* debe concordar en género y número con el sustantivo al que acompaña (*libros*).

7-B: van a publicar. En las oraciones de pasiva refleja, se utiliza la estructura *se* + verbo en tercera persona. El verbo concuerda en número (singular o plural) con el sujeto pasivo (*nombres*). Esta regla se mantiene también cuando se expresa en forma de perífrasis de futuro (*ir a* + infinitivo). La perífrasis *estar* + participio indica una pasiva de resultado (ya se han publicado) y no de proceso.

8-C: malamente. La oración indica que aprobó con muchas dificultades o de una forma muy ajustada, por lo que el verbo (*aprobar*) precisa de un adverbio (*malamente*). *Pésimamente* solo tendría sentido si se refiriera a la peor manera posible. *Peor* es un comparativo que exige un segundo elemento de la comparación (de lo que se esperaba, de lo que se merecía...).

9-B: Copiar. Se trata de un uso del infinitivo con valor de sustantivo. En esta ocasión para enfatizar una acción con sorpresa mediante una pregunta retórica. *Copiado* es un participio que puede tener función de adjetivo y *habiendo copiado*, un gerundio compuesto que puede tener función adverbial, pero en ninguno de los dos casos de sustantivo.

10-C: para. Aquí la preposición introduce el propósito o finalidad. Las preposiciones *por* y *sin* indicarían algo que falta por hacer, pero no la intención o finalidad de hacerlo, es decir no se indicaría la obligación de realizar las tareas.

11-A: hay. En este caso, la concesiva *si bien*, equivalente a *aunque*, presenta un obstáculo real que no impide la realización de la acción principal, por lo que debe ir en indicativo. Solo se podría utilizar el imperfecto de subjuntivo (*hubiera*) si el impedimento fuera irreal y la oración principal se expresara en condicional (*deberíamos*). *Si* con presente de subjuntivo es agramatical.

12-C: Digan lo que digan. Esta expresión se utiliza cuando no importa lo que digan o lo que piensen otros, la decisión o punto de vista del hablante no va a cambiar. Tiene un valor concesivo (= *aunque*) y el verbo en subjuntivo se duplica.

SERIE 3   p. 15

1-C: adoptaron. Al presentarse un acontecimiento pasado con una locución temporal terminada (*finales del s. xx*), el tiempo adecuado es el perfecto simple.

2-C: se ha convertido en. La oración presenta el resultado de un proceso de cambio gradual y progresivo. Con *volverse* (sin la preposición *en*) se expresaría un cambio radical, repentino y, con frecuencia, referido a estados de ánimo. Con *hacerse* se presenta un logro voluntario o resultado de un esfuerzo consciente.

3-A: son. El sujeto de la oración es *las formas de inteligencia existentes* por lo que se debe utilizar el verbo *ser* para expresar la identificación. La forma impersonal *hay* nunca va con sustantivos que llevan artículo determinado. *Estar* expresaría ubicación y no tiene sentido en esta frase.

4-A: ha ido ganando. La perífrasis verbal *ir* + gerundio expresa un proceso, una acción que ha ocurrido de manera gradual o progresiva. Con *venir a* + infinitivo se expresaría una cantidad aproximada, pero en este caso no se habla de cantidad. Con *deber* se expresa una obligación.

5-A: acordarse de. Se utiliza *acordarse de* (siempre con preposición) con el significado de *recordar*, pero nunca en forma reflexiva (*recordarse*).

6-B: una persona cualquiera. *Cualquiera* actúa como un adjetivo indefinido que describe a la persona como no específica o no importante. También sería correcto decir *cualquier persona*, cuando va con un sustantivo después. Las otras opciones son agramaticales.

7-A: cualesquiera que. Por el contexto y la forma plural del verbo, *cualesquiera que* es la opción adecuada. Se refiere de forma indefinida a varios elementos (*causas*) sobre los que hace énfasis (son varias las causas y nunca una sola). *Cualquiera que* iría con un singular. *Cual quiera* es agramatical.

8-B: de lo que. Se está expresando una comparación de cantidad por lo que la comparación debe expresarse con *más de* y no con *más que*.

9-C: cuántos. En este contexto se pregunta por el porcentaje o la cantidad, por el número de estudiantes, y no por su identidad concreta (*cuáles*).

10-C: se los. *Expulsar* es un verbo transitivo que necesita un complemento directo (*a quienes se pille copiando*). Al estar el complemento directo antepuesto al verbo, se exige la duplicación en forma de pronombre de objeto directo (*los*) y no indirecto (*les*). El pronombre *se* impersonal es necesario aquí, ya que no se menciona quién expulsa.

11-C: tuviésemos. La construcción *como si* presenta una comparación hipotética y se utiliza con el verbo en imperfecto de subjuntivo. Las otras formas son agramaticales.

12-A: saben. Se refiere a una acción habitual, constatada y afirmativa por lo que la relativa va con un verbo en indicativo. Si el antecedente fuera negativo (*ninguno*) o se expresara una idea de futuro y no habitual, el verbo iría en subjuntivo. El tiempo futuro aquí no tiene sentido.

1-B: quienes. Se utiliza el relativo *quien/es* para hablar de personas y cuando no se expresa el antecedente de forma explícita. *Los cuales* se utiliza después de un antecedente explícito. *Cuyos* tampoco es correcto porque no se expresa posesión. Sí podríamos utilizar *los que*.

2-A: Eso. Este demostrativo neutro se utiliza para referirnos a cosas, hechos, situaciones o ideas que no se quieren o pueden nombrar. *Aquello* se utiliza para ideas alejadas física o metafóricamente de los dos interlocutores. *Ese* es un demostrativo masculino que acompaña o sustituye a personas, animales, etc., masculinos.

3-C: tiempos aquellos. *Qué* es un exclamativo que sirve para dar énfasis al sustantivo al que precede. Por lo tanto, los determinantes (demostrativos o posesivos) deben ir detrás del sustantivo. Con valor temporal, *estos* (en sus diferentes formas masculinas y femeninas, singulares y plurales) indica presente y *aquellos* indica pasado (eran valorados y respetados).

4-C: tampoco. En esta frase negativa hay varias negaciones: *No es aconsejable… ni tampoco. Ni* introduce una negación, por lo que debe ir con un adverbio negativo, ya que en español es correcta la doble negación (*ni tampoco…*), pero no lo contrario.

5-C: sea. Estamos hablando de una situación futura, por lo que se requiere el uso del subjuntivo.

6-A: que. Es la opción correcta, porque el antecedente (*expectativas*) está expreso. Las otras dos opciones solo serían correctas tras preposición, aunque no en esta frase.

7-B: les. En este tipo de construcciones, *les* señala el sujeto involuntario (*a los alumnos*) de quien se percibe (se nota) algo; lo que se nota (*que están intentando copiar*) es el complemento directo.

8-C: se. Aquí, *se* tiene un valor enfático (*aprenderse*) y se utiliza para indicar que la persona hace un esfuerzo consciente y completo para aprender algo (*todas las leyes*), es decir, las memoriza exhaustivamente. *Las leyes* es el complemento directo y va detrás del verbo, por lo que no se debe duplicar (*aprenderlas todas las leyes*).

9-A: acá. El verbo *venir* indica un movimiento de aproximación (y no de lejanía, como *irse* o *alejarse*), por lo tanto, el adverbio de lugar debe ser *aquí* o *acá*.

10-A: quedes. *Tanto… que* es una construcción que se usa para expresar una consecuencia o resultado de una acción (si te preocupas tanto por sacar buena nota, puede que te quedes en blanco). La idea de la frase es de advertencia o consejo para prevenir que pase algo, con lo que el verbo va en subjuntivo.

11-C: aun cuando. La contradicción entre haber obtenido una buena puntuación en las oposiciones y no haber conseguido la plaza se podría expresar también con *a pesar de que*, pero no *a pesar de. Aún* (con tilde) tiene el sentido temporal de *todavía* y no un valor concesivo de contraste como *aun cuando*.

12-A: Estudies lo que estudies. Igual que en la serie 2, este tipo de construcciones en las que se usa el subjuntivo se utilizan, en este caso, para indicar que, independientemente de la materia o el campo de estudio, la motivación y el esfuerzo siempre son importantes para alcanzar el éxito. *Con lo que estudias* puede implicar que una persona está estudiando mucho, pero la continuación no tendría sentido; con *aunque* la frase queda incompleta.

FUNCIONES

1-B: Veré qué puedo hacer, pero sepa que cuenta con mi aprobación. Con esta fórmula para dar permiso se indica el compromiso de hacer todo lo posible para que algo suceda (en este caso saber qué está pasando). El verbo se debe formular en futuro, porque es algo que se hará más tarde. *Verá* no es correcta, porque se trata de otra persona.

2-A: ¿Sería mucha molestia si le hicieran…? Esta fórmula se utiliza para pedir permiso a alguien, en este caso para hacerle una entrevista. Como la situación es hipotética, se usa el imperfecto de subjuntivo. La opción c no sería correcta, porque las entrevistas no se practican. Sí es posible difundir una entrevista, pero no *difundirle* una noticia.

3-C: Ni se te ocurra copiar en los exámenes. Esta fórmula se utiliza para prohibir enfáticamente no solo no hacer algo, sino también alejar la posibilidad de pensarlo por inapropiado. Las otras dos opciones no tienen esta intención.

4-C: No tengo problema con… *Problema* es la única opción posible en esta fórmula usada para dar permiso.

5-B: En modo alguno voy a permitir… Esta fórmula para denegar permiso indica que no hay ninguna circunstancia ni existe la posibilidad de algo. *De algún modo* indicaría que no se sabe cómo, pero se va a buscar una manera de evitar que copien. *De modo ninguno* es incorrecta.

6-C: Voy a cambiar… se ponga como se ponga. Esta es una fórmula usada para rechazar una prohibición de algo de forma tajante (cambiar una calificación). *Se ponga con quien se ponga* indicaría que no importa con quién se va a poner la persona para hacer algo, lo que no tiene sentido en este contexto. *Comoquiera que se pondrá* es agramatical.

7-A: ¿Hay algún inconveniente en…? Es una fórmula usada para pedir permiso. Las otras dos opciones no tienen ese sentido y, además, *indicación* es femenina.

8-A: El rector dio su consentimiento para… Es una fórmula usada para dar permiso. *Consintió* y *aprobó* serían posibles sin *para* (consintió/aprobó que…).

9-C: Ni lo sueñes. Esta fórmula se usa para denegar permiso. *Desees* e *imagines* no se usarían en este contexto.

10-B: Digan lo que digan… Esta fórmula, en este contexto, indica rechazo de una prohibición (examinarse a final de curso por causa de sus ausencias) y, además, a la persona que habla no le importa lo que digan (porque las ausencias están justificadas). Las otras dos frases no se usan como fórmulas.

SERIE 2   p. 16

1-B: ¿Te apuntas a la conferencia…? Fórmula para proponer o sugerir hacer algo juntos. Los otros verbos, además de ser agramaticales con la preposición *a*, no se utilizan con esta misma idea.

2-A: Supongo que tendrás planes, pero… *Pero* aquí completa la fórmula para invitar (*a las jornadas de formación anual*). *Aunque* no sería correcta, porque la frase no tiene un valor concesivo ni tampoco *ya que*, pues no se expresa causa.

3-B: ¿Te vas a animar por fin a empezar…? *Por fin* se utiliza para solicitar confirmación sobre una decisión o propuesta que estaba en duda (la persona tiene dudas de si empezar o no con las clases de turco). Las otras opciones no tienen este sentido.

4-A: ¿Tienes idea de si debíamos…? Esta fórmula se utiliza para pedir información sobre una obligación pasada de la que se tiene duda (si debía tener listo el proyecto o no). El uso del futuro perfecto se utiliza para expresar acciones terminadas en el futuro anteriores a otro momento del futuro, con lo que no es correcto aquí; *deberemos* es anómala porque se refiere a un plazo todavía actual.

5-B: ¿Ya sabes si vas a hacer el intercambio…? *Si* es la única opción posible en esta fórmula para solicitar confirmación de una propuesta. *A menos* y *salvo* son condiciones que no tienen sentido en este contexto.

6-A: No puedes faltar a mi graduación. Por el significado de la fórmula para invitar, *faltar* es la única posibilidad aquí. *Llega* no tiene sentido en esta frase y, además, se necesitaría un infinitivo. *Abandonar* no es una invitación, sino una prohibición de ausentarse en medio de la celebración.

7-B: Me permito sugerirle que contrate… *Proclamar* no tiene sentido, pues significa publicar en alta voz algo para que se haga notorio a todos; *insinuar* significa dar a entender, indicar o apuntar [algo] ligeramente, con lo que no tiene el matiz de sugerir = proponer o aconsejar.

8-A: ¿No estaríamos mejor…? En esta fórmula para proponer hacer algo la única opción posible es el condicional, porque el subjuntivo nunca va en oraciones principales.

9-C: ¿Cómo es que faltas…? En esta fórmula para pedir información, la única opción posible es *faltas* porque es el único verbo de los tres que va seguido de la preposición *a*.

10-C: ¿Podría decirme si al final quedará vacante…? Es una fórmula para solicitar una confirmación (si quedará vacante la plaza) de una propuesta (había una plaza vacante) y la única opción posible es *vacante* (puesto de trabajo o cargo que está libre y disponible para ser ocupado). *Ausente* e *inactiva* se refieren a personas y no tienen sentido en este contexto.

SERIE 3   p. 17

1-B: No me pude negar a pasarle los apuntes. En esta fórmula para aceptar una propuesta, *pude* es la única opción posible; tanto *rehusé* como *animé* necesitarían la preposición *a* y, además, el sentido sería diferente.

2-A: Siempre que paguemos a medias. Es necesario el subjuntivo en esta fórmula para aceptar una invitación con reservas (la condición de pagar a medias indica que la persona tiene ciertas dudas o incertidumbre sobre algo).

3-C: No tenía que haberse molestado. En esta fórmula para expresar agradecimiento solo esta opción es posible, pues con la opción a se indica que no se tiene que molestar a alguien, y la b indica que alguien tiene un problema (una molestia).

4-C: Ni aunque me paguen. *Aunque* es la única opción correcta en esta fórmula para rechazar una invitación y se enfatiza la idea con la conjunción *ni* (= ni siquiera). Las otras dos opciones no se utilizan para rechazar una propuesta, ofrecimiento, etc.

5-A: No te voy a decir que no. En esta fórmula para aceptar una invitación se necesita un verbo en indicativo. También se podría usar un condicional en caso hipotético (no te diría que no), pero nunca un subjuntivo.

6-C: Mientras no vayamos en coche... Solo la opción con subjuntivo es posible en esta fórmula usada para aceptar una propuesta o invitación con reservas. *Mientras* no se usa con valor condicional e indica que una acción principal ocurrirá siempre que una acción secundaria (expresada con el verbo en subjuntivo) no suceda o no se complete. Las otras dos opciones están en indicativo.

7-A: ¡Qué dices! Esta fórmula exclamativa se usa para rechazar una propuesta, ofrecimiento, invitación (= ni de broma). *Cuentas* y *deseas* pueden ir con *qué* exclamativo, pero no serían fórmulas de rechazo.

8-A: ¿A qué esperamos para confirmar? Esta fórmula se usa para aceptar sin reservas una propuesta, invitación u ofrecimiento. Las otras dos opciones no se pueden usar en este contexto.

9-B: ¡Vaya! Precisamente el miércoles no voy a poder. *Precisamente... no voy a poder* es una fórmula usada para rechazar una invitación. En las otras dos opciones se da a entender que se acepta la invitación, con lo que sería una contradicción, por eso no son posibles en este contexto.

10-C: Nada, no te preocupes. En esta fórmula para responder a un agradecimiento, solo esta opción es posible. *Nada* sería posible si fuera acompañada de la preposición *de* (de nada) o duplicada (nada, nada).

CORRECCIÓN DE ERRORES p. 17

a. *El* programa de estudios es la lista de contenidos que deben *ser* enseñados. *Programa*, como la mayoría de los sustantivos terminados en *-ma*, es masculino. *Ser* + participio indica una acción pasiva de proceso; con *estar* indicaría resultado, es decir ya terminada, y no sería posible.

b. Las asignaturas troncales son *obligatorias* y se consideran esenciales. *Obligatorio/a* es la cualidad o características que tienen algunas cosas, mientras que *obligado/a* se refiere a aquello que alguien está obligado a hacer.

c. La formación profesional *reglada* pretende garantizar el acceso al primer empleo con una formación de *calidad*. *Reglada* viene de *reglamento* (sometido a ciertas reglas), en cambio, *regulada* significa que puede ser supervisado por alguna autoridad. *Calidad* se refiere a la excelencia o superioridad de algo, mientras que *cualidad* se refiere a las características de algo.

d. El escaso conocimiento de la *lengua* de instrucción puede propiciar el abandono escolar temprano. *Lengua* e *idioma* son términos sinónimos que se refieren a un sistema lingüístico, es decir, al conjunto de signos que se usan para comunicarse. La *lengua de instrucción* se refiere al idioma que se utiliza para enseñar en un entorno educativo. *Idioma*, como la mayoría de los sustantivos terminados en *-ma*, es una palabra masculina, con lo que el artículo debería ser *el*; *lengua* es una palabra femenina, con lo que el artículo sería *la*.

e. Soy profesor y *pienso que* los niños no tienen *por qué* ser escolarizados hasta los seis años. El verbo *pensar* no puede ir con la preposición *de* (dequeísmo). *Por qué* debe ir separado, pues es una oración interrogativa indirecta. *Porqué* junto y con tilde es un sustantivo, iría con artículo y no en esta frase.

f. Parece que en la primera *infancia* se aprende un segundo idioma con *mayor* facilidad. *Primera infancia* hace referencia al periodo desde el nacimiento hasta los 6 años, mientras que *niñez* es más amplio y llega a la adolescencia. En este caso, *mayor facilidad* hace referencia a un aumento en la facilidad. *Mejor* no es posible porque no estamos comparando cualidades en términos de *bueno* o *malo*, sino en términos de cantidad.

g. El rendimiento de las niñas en Matemáticas es ahora igual *al/que el* de los niños, según un informe de la Unesco. *Igual al/que el* de los niños son las dos opciones posibles en esta comparativa de igualdad.

h. Debemos *continuar* aprendiendo *incluso* después de terminar la educación superior, si queremos adaptarnos a los cambios de cada época. El verbo *deber*, sin la preposición *de*, seguido de un infinitivo expresa obligación; *deber de* se usa para indicar idea aproximada, hipótesis, y no es el caso. *Incluso* es un adverbio que introduce algo inesperado o que se quiere destacar, mientras que *incluido* se usa para indicar que algo está dentro de otra cosa.

i. El acceso *universal* a la educación superior permite a las personas maximizar su *potencial*. *Acceso universal* se refiere a todas las personas y *acceso universitario* se limita a hablar de la entrada en la universidad. *Maximizar su potencial* significa ayudar a una persona a alcanzar su máximo desarrollo, a explotar sus capacidades. *Potencia* tiene una connotación más física y se refiere a la energía, fuerza o capacidad de realizar un trabajo.

j. Los docentes tienen derecho a recibir un trato *respetuoso* por parte de toda la comunidad *educativa. Respetuoso* se refiere a cómo se debe tratar a alguien, en este caso a los docentes (con respeto y consideración), mientras que *respetable* se refiere a alguien o algo que merece ser respetado (es una persona respetable). *Educadora* se refiere a una persona que educa.

USO DE PREPOSICIONES   p. 17

a. Tengo todos los exámenes **por** corregir; b. se ha reunido **por** videoconferencia; c. **A** tu entender; d. asistía **a** las clases; e. ayudarme **con** la traducción; f. curso **de** verano; g. más brillante **de** todos; h. Sobresalía **en** Matemáticas; i. rendimos más **bajo** presión; j. **A** mi modo de ver.

PRUEBA 1. Comprensión de lectura y uso de la lengua

Tarea 1, pp. 18-19

1-B: Las academias y centros de formación [...] deben evitar utilizar términos o denominaciones confusas. [...] los estudiantes han de desconfiar de las academias que, en sus promociones, [...] induzcan a pensar que los estudios tienen algún reconocimiento oficial; **2-A:** [...] las academias tienen el deber de facilitar folletos informativos que es conveniente conservar [...], ya que la información contenida en ellos, aunque no figure en el contrato, es vinculante si se quiere formular una reclamación; **3-C:** En relación a su oferta, las academias tienen el deber de facilitar folletos informativos [...]. En ellos se debe detallar lo siguiente; **4-C:** Para evitar posibles problemas [...] conviene optar por una academia que permita el pago a plazos frente a otra que exija el pago previo de la totalidad del curso; **5-A:** En ocasiones, los contratos se firman en un lugar diferente al propio centro [...]. Si es así, debe recibir el contrato y un documento de revocación que le permite finalizarlo en un plazo de siete días sin alegar causa alguna; **6-A:** El estudiante debe conservar una copia del contrato firmado y de todos los documentos, facturas o recibos vinculados a este.

Tarea 2, pp. 20-21

7-C: Por otro lado, perciben que son juzgados por la sociedad y que esta les hace responsables de los problemas que surgen en el entorno académico...; **8-A:** En resumen, esta profesión está viviendo, durante los últimos años, un cambio de percepción por parte de la sociedad hacia este colectivo...; **9-F:** Psicosomáticos: fatiga crónica, cefaleas tensionales, trastornos del sueño...; **10-E:** Es necesario que la sociedad, en su conjunto, esté dispuesta a dignificar y empoderar el papel del docente en todas las etapas educativas...; **11-G:** Cuando estas técnicas no se aplican de manera adaptativa, el individuo tiene una sensación de incapacidad...; **12-B:** De esta manera, aplicarán estrategias activas como la búsqueda de apoyo social...

Tarea 3, pp. 22-23

13-B: Estos sistemas [...] de aprendizaje automático para traducir [...], ya sea para descifrar un menú en un país extranjero o para comprender un sitio web, son muchos los que los utilizan; **14-A:** «Muchos de quienes estudian inglés como segunda lengua usan la TA para apoyar su aprendizaje», afirma la investigadora. [...] se han convertido en una herramienta importante para quienes están aprendiendo una segunda lengua; **15-B:** [...] realizó una encuesta [...] preguntando cómo y por qué utilizaban aplicaciones de TA basadas en la web; **16-C:** [...] comprender si estas aplicaciones podían influir en el procesamiento cognitivo de los estudiantes, realizó un experimento [...]. El objetivo era ver si el comportamiento lingüístico en inglés de los participantes cambiaría tras usar la aplicación Traductor de Google; **17-B:** [...] después de ver que la aplicación de TA traducía la oración como [...] los estudiantes adaptaron su comportamiento lingüístico para imitar la estructura alternativa del Traductor de Google [...]. «Este experimento muestra que la exposición a una alternativa sintáctica en inglés puede conducir a que esa misma alternativa sintáctica se reutilice en discursos posteriores; **18-C:** Su innovadora investigación [...] ha inspirado proyectos que están investigando con pares de lenguas distintas al portugués y el inglés.

Tarea 4, pp. 24-25

19-F: [...] consigue crear un sólido programa de violín [...] que ilusiona a un montón de chavales que nunca habrían podido soñar con tocar el citado instrumento; **20-D:** [...] un profesor nada estereotipado que va como derrotado por la vida; **21-C:** [...] juega también con el elemento racial al colocar a un hombre de color en el ingrato papel de profesor; **22-D:** La exploración del dolor que ocasiona el matrimonio roto de los padres de Trevor; **23-B:** Deseosa de estar a la altura de su progenitor, consigue trabajo; **24-A:** Existen pocas películas que hayan conseguido llegar hasta el público tanto como esta impresionante y profunda creación; **25-E:** Lou Anne centra sus enseñanzas en la noción de elección, omnipresente en la película: la vida está llena de opciones y, en la medida que se elige, uno va haciéndose mejor o peor; **26-F:** La música es estupenda, e incluye una canción de Gloria Stefan, que interpreta también un pequeño papel.

Tarea 5, pp. 26-27

27-C: *Dar cuenta de algo* = informar de algo; **28-A:** *Frente a* = al contrario de; **29-A:** *Época* es una palabra femenina y *quinquenio* no tiene sentido porque es más definido. Aquí el contexto parece referirse a algo no concreto, y aquel *entonces* tiene ese sentido = aquel *momento*; **30-B:** La opción del pretérito perfecto compuesto es la adecuada, porque si bien se está mencionando algo del pasado, en el punto siguiente se dice que «lo serán aún más», es decir, que *todavía*; **31-C:** *Remedio* = solución. Las opciones a) (*escarmiento* = sanción, penalización, castigo) y b) (*medio* = método, forma, fórmula, procedimiento) no tienen sentido aquí; **32-B:** *Revolucionar* = cambiar algo de forma violenta y profunda. *Revolver* = enredar, liar algo. *Rebelarse* = faltar de la obediencia; **33-C:** El contexto exige la presencia de un presente; algo que es habitual; **34-C:** La expresión es *día a día* = a diario, todos los días; **35-B:** *Vetar* = que no se puede usar, impedir su uso; **36-B:** *Aunar* = unir, armonizar. *Anudar* = atar con un nudo. *Amalgamar* = mezclar cosas de naturaleza contraria; **37-C:** *Lamentos* = quejas lastimosas. *Susurros* = ruido suave que se produce al hablar en voz baja. *Aullidos* = en este contexto equivaldría a chillidos; **38-A:** La elección del subjuntivo se debe a que depende de un verbo de influencia y aquí tiene un carácter futuro, de ahí que se elija el presente y no el imperfecto; **39-A:** *Motor* = máquina que mueve. *Maquinaria* = conjunto de máquinas, mecanismo que da movimiento a un artefacto; **40-B:** *Estar abocado* va siempre con la preposición *a*.

PRUEBA 2. Comprensión auditiva y uso de la lengua

Pista 1. Tarea 1, p. 28

1-A: [...] del actual siglo XXI, el mundo laboral ha evolucionado [...]. Esta transformación es consecuencia de las características que definen el actual modelo social y económico: avance tecnológico de los sistemas de información y comunicación [...]; **2-C:** [...] en la creación y producción [...]. El producto, solicitado por una empresa con sede en París, [...] diseñado en una ciudad del noroeste de España. La compañía [...] pudiera tener un centro logístico en los Países Bajos que recibe desde la factoría del norte de Italia el producto acabado y listo para su distribución [...]; **3-F:** Cada día son más solicitados, junto con la presentación del *curriculum vitae,* los certificados [...], documentos oficiales que acreditan el nivel de idiomas [...]; **4-G:** [...] queda patente la importancia del estudio y conocimiento de un segundo idioma para garantizar la mejora en la competitividad de las empresas; **5-H:** [...] el conocimiento de un segundo idioma [...], supone tener una mentalidad más abierta, más preparada para afrontar nuevos retos [...] es el primer paso para entender el universo cultural de las personas con quienes nos relacionamos; **6-K:** Qué mejor atención a la inmigración [...] que una persona [...] que pueda comunicarse y entender las necesidades de estos grupos [...] que desconocen su lengua, sus costumbres, sus instituciones, etc.

Pista 2. Tarea 2, p. 29

7-C: ¿Quién va a educar a un niño mejor que sus padres?; **8-A:** En el colegio aprenden también otras cosas: se relacionan, comparten, fomentan su creatividad, mejoran su movilidad jugando. [...] aprenden a sociabilizar con otros niños; **9-B:** La mujer quiere un libro para regalar pero no sabe cuál; **10-A:** [...] fue un rotundo éxito; **11-A:** A esas edades pocos son los jóvenes que han descubierto su verdadera vocación; **12-B:** No sé si una máquina; **13-B:** [...] solo se puede solicitar en septiembre adjuntando la certificación de tener aprobado el primer curso completo; **14-C:** [...] el justificante de pago del banco.

Pista 3. Tarea 3, p. 30

15-C: [...] cuantos más años se tienen, mayor es el potencial para imaginar; **16-A:** [...] la imaginación tiene cinco fases: la somática, la mítica, la romántica [...] cuando somos bebés, estamos en la fase somática; **17-B:** [...] el adolescente vive en la imaginación romántica [...], necesita pasar por un duelo cuando descubre que el mundo no es lo que pensaba; **18-A:** [...] ¿Y dónde busca las respuestas?

En los libros, en las conversaciones, fuera de sí misma; **19-A:** En absoluto. Neurológicamente eso no es posible; **20-B:** Mover el cuerpo [...]. El movimiento físico ayuda definitivamente a desarrollar las ideas, la creatividad.

Pista 4. Tarea 4, p. 31

21-B: *Quedarse en blanco* = olvidar repentinamente algo que se sabía; **22-A:** *Quemarse las pestañas* = cansarse la vista de tanto leer; **23-C:** *Estar chupado* = Ser muy fácil de hacer; **24-A:** *Dormirse en los laureles* = dejar de esforzarse tras haber conseguido algún triunfo o reconocimiento; **25-C:** *Matrícula de honor* = mención máxima que se otorga solo a quienes tienen sobresaliente; **26-B:** *Saberse algo al dedillo* = saber algo de memoria y perfectamente; **27-A:** *Hacer la vista gorda* = hacer ver que no se repara en una falta; **28-C:** *Tener morro* = ser un caradura, persona falta de vergüenza; **29-A:** *Hacer la pelota* = adular a alguien para conseguir algo; **30-B:** *Estar en las nubes* = estar ensimismado, despistado, sin prestar atención.

EXAMEN 2. Bienestar y salud

LÉXICO

BIENESTAR Y SALUD   p. 40
1. a. electrocardiograma; b. jeringuilla; c. tensiómetro; d. termómetro; e. estetoscopio; f. cápsulas (= grageas, píldoras); g. silla de ruedas; h. gotero; i. ampolla; j. pastillas (= tabletas, comprimidos); k. tiritas; l. camilla.
2. a. 3 (imagen 3); b. 1 (imagen 2); c. 2 (imagen 1).
3. a. 5; b. 4; c. 8; d. 2; e. 7; f. 3; g. 6; h. 1.
4. a. cardiaca; b. neurológico; c. oftalmológicas; d. psiquiátrica; e. pediátrico; f. oncológica; g. ginecológica; h. dermatológicos.
5. a. oftalmólogo; b. auscultarlo; c. primeros auxilios; d. asistencia sanitaria; e. botiquín; f. curanderos; g. terapéuticos; h. anestesia; i. medicina preventiva; j. geriatría.
6. a. espasmo; b. tratamiento; c. convalecencia; d. esguince; e. aliviar; f. rozadura; g. cicatrizar; h. taquicardia; i. agravarse; j. vértigo.
7. Posibles respuestas. a. relajante: sedante, calmante; estresante, excitante; b. inocuo: inofensivo, seguro; nocivo, dañino; c. malestar: desazón, desasosiego; bienestar, tranquilidad; d. medicina: fármaco, remedio; toxina, veneno; e. recuperación: restablecimiento, mejoría; empeoramiento, deterioro; f. enfermedad: dolencia, afección; salud, vitalidad.
8. 1. c. *bienestar. Mejoramiento* (= mejoría) y *desahogo* (= alivio, consuelo) no tienen sentido aquí; 2. a. *saludables*, porque significa que sirven para conservar o restablecer la salud y no solo para curar (*sanador*) ni están relacionados con instituciones o instalaciones (*sanitario*); 3. b. *emociones*, porque las *sensaciones* son percepciones corporales, mientras que las emociones son respuestas a esas percepciones. Los *sentidos* son los órganos que detectan las sensaciones; 4. a. *protección*, porque lo primero que debe hacer el entorno de los jóvenes es resguardarlos de daños y peligros, es decir, protegerlos. *Sanación* y *curación* no tienen sentido aquí; 5. c. *riesgo*, porque las condiciones, características y comportamientos que aumentan la posibilidad de que alguien experimente problemas o enfermedades son factores de riesgo; 6. b. *estrés*, ya que es la respuesta del cuerpo a situaciones o pensamientos que generan tensión, como parece indicar el contexto por lo que se menciona a continuación; el *nerviosismo* puede ser algo puntual y pasajero y el *trastorno* está más relacionado con una alteración que afecta al funcionamiento del cuerpo o la mente; 7. c. *presión*, porque así se denomina la influencia del grupo de iguales sobre un individuo para que se alinee con las normas o expectativas del mismo. La *opresión* está más relacionada con la tiranía o el sometimiento; 8. a. *exacerbar*, ya que tiene el sentido de agravar algo (las discrepancias); excitamos o exasperamos a personas, no las discrepancias.
9. a. a. *reproducción asistida*: técnicas y tratamientos médicos diseñados para ayudar a las personas a lograr un embarazo cuando este no se consigue de forma natural; b. b. *corte de digestión*: interrupción brusca del proceso digestivo; c. c. *sobrio*: estado de conciencia de una persona que no está bajo los efectos del alcohol o de otras sustancias; d. b. *convalecencia*: tiempo durante el que se restablece gradualmente la salud tras una enfermedad, intervención quirúrgica o lesión; e. a. *esguince*: lesión de los ligamentos en una articulación. Tanto la fisura como la fractura se producen en el hueso; f. c. *infectarse*: limpiamos las heridas para que no resulten invadidas por microorganismos patógenos; una herida se inflama cuando está infectada.

10. a. *Prescribir. Preceptuar* es imponer o establecer algo como una regla o directriz obligatoria, mientras que recomendar un medicamento es prescribirlo; **b.** *Mortalidad*. El indicador estadístico que mide la cantidad de muertes en una población durante un periodo específico de tiempo se llama *tasa de mortalidad*; *Mortandad* es una gran cantidad de muertes causadas por epidemias, guerras, etc.; **c.** *Borrosa* hace referencia a una visión difusa y con falta de claridad; **d.** *Esterilizar* es eliminar todos los microorganismos y *desinfectar* es reducir la cantidad de microorganismos; **e.** *Cromoterapia*. La *fototerapia* usa la luz para tratar ciertas enfermedades; **f.** Un *balneario* es un tipo de establecimiento con baños medicinales. *Termal* es un adjetivo referido a las termas.

11. a. 3; b. 6; c. 1; d. 5; e. 2; f. 4; g. 7; h. 8.

12. a. 6; b. 3; c. 5; d. 1; e. 2; f. 4.

GRAMÁTICA

SERIE 1   p. 44

1-B: se me. Para expresar pérdida de sensibilidad en una parte del cuerpo se utiliza *dormirse*. En este tipo de frases se usa un pronombre de complemento indirecto para expresar la involuntariedad (*se* + pronombre indirecto de la persona involuntaria de la acción + verbo en tercera persona + sujeto de la acción). El pronombre *se* siempre va delante de cualquier otro pronombre.

2-A: la. Se puede duplicar el objeto directo para resolver ambigüedad, resaltar o contrastar. En esta frase *Susana* es objeto directo (con la preposición *a* de persona), por lo que el pronombre correspondiente es *la*. Como se utiliza una perífrasis, en este caso de obligación, el pronombre puede ir delante (y separado) del verbo auxiliar (*tener*) o detrás y unido al verbo de la acción (*operar*).

3-C: mía. Es el pronombre posesivo. Las otras opciones son agramaticales.

4-C: ello. Para referirnos a algo que ya hemos mencionado (muchos llevan una vida sedentaria) y no repetir esa información, utilizamos el pronombre personal neutro de tercera persona. *Aquello* no sería posible aquí, porque lo mencionado está cercano a la realidad de persona que habla (muchos llevan…).

5-A: ingresó. Se trata de una construcción impersonal con *se* + verbo en tercera persona singular. Si los afectados fueran el sujeto de una construcción pasiva, no aparecería la preposición *a*. En este tipo de construcciones el verbo solo puede ir en singular.

6-B: Se. El pronombre reflexivo *se* tiene aquí un valor enfático y una de sus funciones es expresar que algo se realiza de forma completa (todo nuestro preparado) o con esfuerzo (él solo, sin ayuda), en este caso, que consume una gran cantidad de líquido.

7-B: sí. *Sí* es el pronombre reflexivo de tercera persona singular y plural. Por tanto, la locución reflexiva correcta es *por sí mismo*. Se utiliza esta expresión para indicar una acción realizada sin ayuda externa, enfatizando la independencia o la acción intrínseca.

8-C: ¿Quién te recetó eso y para qué? Esta estructura es la más común para preguntar tanto por la persona que hizo la acción como por la razón o propósito de la misma, ya que el interrogativo *quién* (el sujeto de la oración) suele aparecer al principio o cerca del verbo cuando se quiere enfatizar. De esta manera se diferencia la pregunta sobre la persona de la del propósito, lo que hace más clara la intención del hablante. Cuando hay varios interrogativos en la misma frase, debe haber algún conector, como *y*, pues son dos oraciones distintas. Si el complemento directo está antepuesto (opción a), hay que utilizar el pronombre de complemento junto al verbo (*¿Eso para qué te lo recetó…?*).

9-A: Cuánto. Se trata de un pronombre exclamativo que expresa intensidad o cantidad. El exclamativo *qué* debe ir con un sustantivo, adjetivo o adverbio; *por tanto* introduce una consecutiva y ese no es el contexto.

10-B: la. La expresión *dar de alta* va con los pronombres de objeto directo *lo(s)* y *la(s)*, ya que la persona que recibe el alta médica es el objeto directo.

11-C: a causa de. *A causa de, gracias a* y *con motivo de* (nunca con *a*) son locuciones causales. Sin embargo, *gracias a* expresa la causa de algo positivo y esta frase se refiere a algo negativo (se vieron colapsados).

12-C: sea. La locución consecutiva *de ahí que* va con subjuntivo. Las otras opciones, por lo tanto, no son correctas.

SERIE 2   p. 44

1-A: lo mío. Para indicar que algo es difícil de conseguir o realizar, se utilizan expresiones fijas como esta (*costarme lo mío*). Lo adecuado es utilizar el posesivo neutro que concuerda con la persona que realiza el esfuerzo (en este caso *yo*). Los posesivos deben concordar en número y persona con el primer pronombre: *nos costó lo nuestro, le costó lo suyo*, etc. La opción c no es posible.

2-C: él solo. La frase da a entender que el enfermero hizo algo (ponerse la inyección) sin ayuda de nadie (porque es enfermero). La locución reflexiva (*él solo*) se refiere al enfermero y debe concordar con él (masculino singular).

3-C: se me. La oración expresa una acción involuntaria. Es estos casos se utiliza la construcción *se* + pronombre de objeto indirecto + verbo en tercera persona (singular o plural) + sujeto de la acción. El pronombre *se* siempre antecede a cualquier otro pronombre.

4-A: se. Se trata de la forma reflexiva (*marearse*) y *se* es el pronombre reflexivo de tercera persona. Las otras opciones no serían posibles aquí, porque indicarían que alguien marea a otra persona (a ella o a él) y no tendría sentido aquí.

5-A: La. Aquí el pronombre está en función de objeto directo y se habla de una mujer, como indica el adjetivo *buenísima*. Por lo tanto, las otras opciones no son correctas.

6-B: sí. *Sí* es la forma reflexiva de los pronombres *él, ella, ellos, ellas,* precedida siempre de preposición (*para sí*). Para reforzar el sentido reflexivo es frecuente que aparezca seguido de *mismo/a/s* y *solo/a/s*.

7-C: La de. La construcción *la de* + sustantivo, en este caso, es una expresión exclamativa que pone énfasis en la cantidad o exceso de algo. Se utiliza de forma similar a estructuras como *un montón de, la mar de,* y su uso es común en el lenguaje oral y coloquial.

8-A: Son. La oración expresa la existencia y va con el artículo determinado (los gimnasios). El verbo *haber* puede no ir seguido de artículo (hay gimnasios) o con artículo indeterminado (hay unos gimnasios...). El verbo *estar* no indicaría existencia, sino ubicación. La anteposición del verbo *ser* se utiliza frecuentemente en estructuras enfáticas.

9-C: se. *Negarse a* es una construcción pronominal que significa rehusar o rechazar hacer algo. Las otras opciones no son posibles aquí.

10-A: que. Las expresiones *tan... tanto/a/s* + *que*, además de intensificar la cantidad de algo, indican una consecuencia o resultado de una acción o situación. *De ahí que* se construye con el verbo en subjuntivo; *por lo que* no puede ir precedida de *tanta* (sí sería posible decir *tenía mucha ansiedad... por lo que...*).

11-C: sea. En las oraciones finales, después de *para* se utiliza *que* + subjuntivo cuando el sujeto de la oración principal y el de la subordinada son diferentes. Si fuera el mismo sujeto, se utilizaría infinitivo.

12-B: preocupaba. *Por culpa de* introduce una oración subordinada causal que, como todas las causales, cuando están en forma afirmativa, va en indicativo. El tiempo correcto es el pretérito imperfecto porque expresa una acción habitual en el pasado, al igual que el verbo de la oración principal (*descuidaba*).

SERIE 3 p. 45

1-B: su. La expresión *tener su mérito* significa que tiene cualidades que lo hacen merecedor de reconocimiento. El sujeto de *tener mérito* es la oración introducida por *lo que* (*lo que estas haciendo* = eso), con lo que el posesivo adecuado es el de tercera persona.

2-A: la. En español no se utilizan los posesivos con las partes del cuerpo y objetos de uso personal; *alguna* se utiliza para hablar de algo en una cantidad indeterminada, y las piernas son algo determinado (dos).

3-C: las. Cuando el objeto directo (*estas mascarillas*) antecede al verbo, es obligatorio duplicarlo con un pronombre de objeto directo que concuerde en género y número (*las*).

4-B: las. De nuevo, cuando el objeto directo (*las vitaminas necesarias*) antecede al verbo, es obligatorio duplicarlo con un pronombre de objeto directo que concuerde en género y número (*las*).

5-B: se. En contextos como el cuidado personal o la salud, se utiliza la forma reflexiva (*operarse*), aunque sea otra persona quien realiza la acción.

6-B: le. El pronombre *le* desempeña la función de objeto indirecto, indicando la persona o entidad que recibe o se ve afectada por la acción de *atribuir* (en este caso, *la meditación*).

7-A: Se nos. Se trata de una oración impersonal (no sabemos quién aconseja) con un pronombre de objeto indirecto (*nos*). Las otras opciones son incorrectas, porque son pronombres de objeto directo. Solo sería posible el uso del pronombre de objeto indirecto *les*.

8-C: sí mismo. Indica que alguien realiza una acción de manera autónoma, sin intervención externa. *Sí* es el pronombre reflexivo correspondiente a la tercera persona singular. Por tanto, la locución reflexiva correcta es *por sí mismo*. La opción a, *por él mismo*, es una construcción que enfatiza el pronombre personal *él* y se utiliza cuando se quiere destacar que es esa persona y no otra quien realiza la acción. Sin embargo, por el sentido de la frase, aquí la opción correcta es c.

9-A: Quiénes. El interrogativo *qué* no puede ir seguido de preposición. La opción b no es posible porque, aunque *quién* se refiere a personas, el verbo está en plural.

10-C: Qué. Aquí, *qué* es un exclamativo que se utiliza para enfatizar la intensidad o magnitud de un sustantivo (*daño*). *Cuán* se utiliza con adjetivos o adverbios y *cuál* no puede ir delante de sustantivos.

11-C: porque. Es el conector causal más frecuente. *Como* se utiliza cuando la oración causal precede a la oración principal, es decir, cuando introduce la causa (como cuida su bienestar…, tiene una belleza natural).

12-A: de ahí que. De esas conjunciones consecutivas, solo *de ahí que* se construye con el verbo en subjuntivo.

SERIE 4   p. 45

1-A: han salvado. El sujeto es *los primeros auxilios* y no *la vida* (objeto directo), por lo que el verbo debe ir en plural. Las otras opciones están en singular.

2-B: tuyos. *Tuyos* se utiliza para indicar posesión (los mareos de alguien). Para ser compatible con otros determinantes, el posesivo debe ir pospuesto y concordar en persona, género y número. *De ti* es correcta cuando indicamos la ubicación de alguien o algo en relación con una persona (delante de ti). *Contigo* indica compañía.

3-C: le. *A mi abuela* es el objeto indirecto y, al estar antepuesto, debe llevar un pronombre indirecto con el que concuerda, *le*. Las otras opciones son pronombres de objeto directo.

4-A: me. Se trata de un pronombre de objeto indirecto (*me*) que señala que la dificultad recae sobre el hablante (a mí me está resultando difícil). Las otras opciones no son posibles.

5-B: se me. Para expresar una acción involuntaria, utilizamos la construcción con *se* y un pronombre de objeto indirecto (*me, te, le, nos, os, les*) y un verbo en tercera persona singular o plural (depende del sujeto). El pronombre *se* siempre antecede a cualquier otro pronombre.

6-C: sola. Para describir la condición de estar sin compañía o de ser único, utilizamos *sola*. En este caso, indica que nadie le causó heridas. *Solamente* es un adverbio que indicaría que fue lo único que hizo. *Por sí* no tiene sentido.

7-B: está. *Estar en entredicho* significa que se ha cuestionado el honor, la reputación o la confiabilidad de alguien o de algo. *Pone* sería correcta si se mencionara qué se pone en entredicho (los resultados de…, etc).

8-A: hay. La existencia de un sujeto indeterminado se expresa con el verbo *haber*. Solo se utiliza con *ser* si el sustantivo va con un artículo determinado o un posesivo. *Estar* indica ubicación o estado temporal, pero no existencia.

9-A: cuáles. Usamos el interrogativo *cuáles* cuando seleccionamos algo de un grupo al que nos hemos referido antes o que está presente en la situación (las terapias). *Quiénes* se usaría para preguntar por personas. Para preguntar por el número solo sería posible *cuántas*, en femenino plural.

10-C: porque. *Es que* introduce una explicación o justificación de una acción o situación previamente mencionada y no es el caso. *Dado a que* es agramatical (se utiliza sin la preposición *a*).

11-B: una enfermedad tal. No hablamos de cantidad (*tanta*), sino del tipo de enfermedad y sus características (una enfermedad tal = una enfermedad con unas cualidades específicas), introduciendo una consecuencia (precedida de *que*). El uso del relativo *cuanta* no tiene sentido aquí.

12-B: tan. Para expresar consecuencia, ante un adjetivo o adverbio utilizamos *tan… que…*; *tal… que…* va con sustantivos. *Más… que* es un comparativo de superioridad y aquí no tiene sentido.

FUNCIONES

SERIE 1   p. 46

1-C: Hazte los análisis de una vez. Esta expresión se usa para animar a alguien a hacer algo enfatizando la urgencia o la conveniencia de actuar en ese momento. Lo mismo sucede con la expresión *no sé a qué esperas*, que se emplea, con cierto reproche, para animar a alguien a realizar algo que se debería haber llevado a cabo.

2-B: Ya está. ¡Alegra esa cara! La expresión *alegra esa cara* se puede usar para tranquilizar a alguien, como en este contexto, invitándolo a sonreír o a cambiar su actitud. Las otras opciones no tienen sentido, porque nadie puede *mejorar* o *arreglar* su propia cara (a no ser con maquillaje o cirugía y no es el contexto).

3-B: La decisión es suya, pero... *La decisión es suya* (o de otra persona) se usa para advertir a alguien que la responsabilidad de lo que elija recaerá sobre él, como así sugiere el resto de la frase. Las otras opciones no tienen sentido aquí.

4-C: Venga, hombre, que... te sentirás mejor. Con el verbo *venir* en subjuntivo se expresa ánimo o consuelo cuando alguien se enfrenta a una situación desafortunada. Con el verbo *ir* (*Vaya, hombre*) se expresa fastidio o pena. El uso del imperativo aquí no tiene sentido.

5-B: Allá tú si persistes en seguir... Se usa esta expresión para advertir a alguien sobre las posibles consecuencias de sus decisiones, en este caso si esa persona insiste en hacer algo.

6-A: Cuenta conmigo para acompañarte. La expresión *cuenta conmigo*, en este contexto, indica que alguien tiene disponibilidad para hacer algo, en el sentido de ayudar. *Invitar* debería ir seguido de *a* (invitarme a mí).

7-C: No es el fin del mundo. La expresión *no ser el fin del mundo* se usa para tranquilizar o consolar a alguien. Sirve para restarle importancia al problema y ayudar a la persona a verlo con más calma.

8-B: Debes cambiar tu alimentación y hacer más ejercicio; quedas avisado. Esta expresión se usa para advertir a alguien sobre algo (cambiar la alimentación y hacer ejercicio). Dependiendo del tono, puede sonar neutral, firme o incluso amenazante. Es una acción pasada, por lo que la opción a no es correcta.

9-B: Ya sabes lo que puede pasar si pospones... Esta fórmula de advertencia se usa para avisar a alguien de los riesgos y consecuencias de no hacer algo (seguir los consejos del endocrino).

SERIE 2   p. 46

1-C: ¿Cómo lleva lo de la enfermedad de su esposa? La expresión *cómo lleva...* se utiliza para preguntar o hablar del estado de ánimo, de cómo alguien afronta y gestiona emocionalmente una situación (¿cómo lo llevas?; lo lleva fatal).

2-B: Tenía un nudo en el estómago, pues temía que fuera algo grave. Tanto *tener un nudo en el estómago* como *temer algo,* se usan para expresar sensaciones físicas y psíquicas. *Tener miedo* iría seguido necesariamente de la preposición *de;* el sujeto de *atemorizar* sería *que fuera algo grave*, por lo que necesitaríamos el pronombre indirecto *le* para indicar a quién.

3-C: Nos pareció vergonzoso que se filtrara... Se usa esta expresión para indicar desaprobación. *Vergonzoso* se refiere a algo que provoca vergüenza de manera clara y evidente o a alguien que se avergüenza con facilidad. *Avergonzado* se refiere a una persona que siente vergüenza en un momento específico y *vergonzante* se refiere a algo que se oculta, porque causa vergüenza y no es adecuada en este contexto.

4-A: Estoy empachado. No debí cenar tanto anoche. *Estar empachado* es una fórmula usada para expresar una sensación física (= he comido mucho), ante la que se muestra arrepentimiento (*no debí...*). *Deber* implica obligación o, como en este caso, responsabilidad ante una acción que no debía haber hecho. *Deber de* indica suposición o probabilidad y no tiene sentido aquí. Para expresar obligación se utiliza también *tener que*, pero siempre con *que*.

5-B: ¿Se puede saber lo que te pasa? Para preguntar por el estado de ánimo, utilizamos esta expresión en la que usamos el pronombre relativo con el artículo neutro *lo que* para referirnos a una idea o situación y no a un sustantivo concreto. Para preguntar podríamos utilizar también el pronombre interrogativo *qué* (con tilde).

6-B: En caso de que decidiéramos contarle que... En esta expresión para formular una hipótesis, utilizamos los conectores condicionales (*en caso de que...*) distintos de *si*, siempre con subjuntivo.

7-A: Es lamentable que tengamos que esperar... Esta expresión se utiliza para expresar desaprobación. *Lamentable* es algo que causa tristeza y pesar, pero podría haberse evitado. *Lastimoso* se refiere a algo que causa compasión o pena y *desconsolador* se refiere a algo que deja una sensación de tristeza profunda e irresoluble.

8-B: ... me entran unas ganas terribles de... En esta expresión coloquial para indicar sensaciones físicas utilizamos la fórmula *entrar ganas de*. De esta manera expresamos un impulso o deseo repentino de algo o de hacer algo.

9-C: ¿Y si hubiera podido probar una terapia de meditación? En esta expresión para formular una hipótesis, usamos una oración condicional imposible con *si* seguida de un pluscuamperfecto de subjuntivo, (se hace una hipótesis con una condición pasada que no ha ocurrido), nunca iría con condicional simple o compuesto.

10-A: Me pone de los nervios tener que esperar... *Poner de los nervios* se utiliza para expresar sensaciones físicas y significa molestar o irritar mucho. *Hacérsele un nudo en la garganta a alguien* describe el sentimiento de angustia ante una situación y debe ir acompañado siempre de los dos pronombres (hacérsele). *Ponérsele la carne de gallina a alguien* describe la reacción física que ocurre cuando algo nos emociona, nos da miedo o nos impresiona intensamente, siempre también utilizado con los dos pronombres.

1-C: ¿Puedes hacer el favor de…? Esta expresión es una forma educada de pedir algo a alguien (revisar su alimentación). En este caso, por el contexto, se está dando una orden con cierta ironía (tu cuerpo te lo agradecerá).

2-C: ¿No te da vergüenza…? Esta expresión para reprochar se utiliza cuando creemos que la persona está haciendo algo inapropiado de lo que debería avergonzarse (descuidar tu bienestar emocional). La opción a sería correcta si se añade *al* delante del infinitivo (¿no te sientes mal al descuidar…?).

3-B: Si no hubieras ignorado las señales de tu cuerpo… En esta expresión para reprochar se utiliza una oración condicional referida al pasado, por lo que utilizamos el pretérito pluscuamperfecto de subjuntivo, expresando que esa condición no ocurrió. En las oraciones condicionales con *si*, no puede ir a continuación un condicional o un presente de subjuntivo.

4-A: Si pudiera dar marcha atrás,… En esta expresión de arrepentimiento se utiliza una oración condicional con *si*. Como expresa una condición improbable en el presente o en el futuro, utilizamos el pretérito imperfecto de subjuntivo.

5-B: No tiene ni la más remota idea de… Esta expresión es una manera enfática que se usa frecuentemente cuando se quiere indicar desconocimiento absoluto sobre algo. *Remota* se refiere a algo que está muy distante o que apenas tiene una conexión con el tema. *Lejana* sería posible, pero es menos enfática y, por lo tanto, menos frecuente.

6-A: ¿Sería mucho pedir que consideraras…? Igual que en el caso anterior, se utiliza esta expresión para ordenar o pedir algo de forma educada e irónica (considerar cambiar su estilo de vida). Se utiliza el condicional como una forma cortés de pedir algo cuando somos conscientes de que la petición es casi imposible y podría ser inconveniente para la otra persona. *Será* indicaría una duda y debería ir con presente de subjuntivo.

7-C: Ignoramos los beneficios que aportan los masajes terapéuticos. *Ignoramos* es la palabra correcta para expresar desconocimiento. *Abarcar* significa cubrir o incluir algo dentro de un ámbito determinado y *desatar* es liberar o soltar algo.

8-B: ¿Estás enterado de todo lo que se consigue con…? *Estar enterado* se usa para indicar que se tiene conocimiento de algo. En este caso se utiliza como pregunta, porque interesa saber si esa persona tiene la información necesaria o no (los beneficios que aportan los masajes).

9-C: No tendría que haber subestimado la importancia de… Para indicar arrepentimiento se utiliza la expresión *no tendría que haber… Tener que* en condicional seguido de infinitivo compuesto se emplea para hablar de una obligación o necesidad no cumplida en el pasado. El subjuntivo de las opciones a y b debería estar precedido de una locución u oración previa para tener sentido (no hubiera subestimado… si…; mientras no haya subestimado…).

10-C: ¿Qué hacéis, que aún no estáis listos? La pregunta es un reproche que refleja una falta de acción o un retraso en algo que se esperaba (esas personas están haciendo algo diferente a lo que se supone que deberían estar haciendo).

CORRECCIÓN DE ERRORES p. 47

a. La madre estaba *deshecha* en el funeral de su hijo. El participio de *deshacer* expresa que la persona está agotada, física o mentalmente, o con una tristeza profunda. *Desechar* significa rechazar, descartar o eliminar.

b. *Ha habido* grandes avances *médicos* en los últimos cien años. Con el significado de *existir*, el verbo *haber* solo se usa en 3ª persona singular. El adjetivo que se refiere a algo relacionado con la medicina es *médico* y, en este caso, debe concordar con el sustantivo al que acompaña (masculino plural).

c. Fue intervenido con éxito por el *equipo de cirugía* del hospital. Para referirnos a un conjunto de personas que trabajan juntas usamos *equipo*. *Equipamiento* se refiere a los recursos, herramientas o materiales necesarios para una actividad.

d. Las vacunas ponen en *marcha* las defensas naturales del organismo. La expresión *poner en marcha* significa iniciar algo, hacer que empiece a funcionar o activarlo. *Poner en vigor* significaría hacer que una ley, norma, reglamento o disposición empiece a aplicarse oficialmente.

e. Las personas *tóxicas* pueden dañar seriamente tu salud *mental* y también la física. Una persona *tóxica* tiene un comportamiento negativo o perjudicial para los demás, mientras que *intoxicada* significa que ha sufrido una intoxicación. Para referirnos al bienestar emocional, psicológico y social de una persona hablamos de *salud mental*. La *salud intelectual* estaría relacionada con las capacidades cognitivas.

f. *Se* salvó de morir ahogado *gracias al* socorrista de la playa. *Salvarse de algo* significa librarse de un peligro, situación difícil o problema (el socorrista *lo* salvó, por eso el hombre *se* salvó y escapó del peligro). *Gracias a* señala una causa positiva y favorable. *A causa de* implica una causa que ha tenido un efecto no deseado o desafortunado.

g. Ese fármaco, al igual *que* todos los demás antibióticos, no se puede comprar sin *receta*. El comparativo que significa *de la misma manera que* es *al igual que*; *igual de* se usa ante adjetivos y adverbios para comparar características o cualidades con la misma intensidad. *Recibo* es un documento que prueba que se ha producido un pago. Si nos referimos al documento emitido por un profesional de la salud para prescribir medicamentos hablamos de *receta*.

h. La *cobertura* sanitaria universal garantiza el acceso a servicios sanitarios de *calidad*. *Cobertura* hace referencia a la extensión, protección o alcance de algo, en este caso la sanidad. *Cubierta* se refiere a algo que cubre o protege una superficie o estructura. La *calidad* es el nivel de excelencia o valor de algo y se utiliza para evaluar, mientras que la palabra *cualidad* se refiere a un rasgo o característica de algo o alguien.

i. Todos los niños deben recibir una nutrición adecuada: alimentos *saludables* y agua *potable*. *Inocuo* significa que no causa daño ni perjuicio, pero no necesariamente que sea beneficioso. *Saludable*, en cambio, significa que algo es beneficioso para la salud y contribuye al bienestar. Algo *potable* es algo seguro para beber, porque está libre de contaminantes. *Bebible* significa que *se puede beber*, pero no que sea de buena calidad.

j. La obesidad no *es un* problema estético, sino una enfermedad que requiere *tratamiento* eficaz. Para definir algo (*la obesidad*) se debe utilizarse el verbo *ser*. El sustantivo *problema*, como muchos que terminan en *-ma*, es de género masculino y debe ir con el artículo correspondiente.

USO DE PREPOSICIONES   p. 47

a. vacunas nos protejan **de por** vida **contra** ciertas enfermedades; b. tener miopía y presbicia **al** mismo tiempo; c. causadas **por** microorganismos; d. Le han dado **de** baja por enfermedad **en** su trabajo; e. se refiere despectivamente **a** los dentistas; f. Los dolores **de** parto son **de** los peores; g. muchas mejoras gracias **a** avances tecnológicos aplicados **a** la Medicina; h. un tratamiento **a** base **de** hierbas medicinales; i. Los pacientes trasplantados **de** corazón pueden vivir más **de** veinte años; j. deterioro cognitivo **del** envejecimiento.

PRUEBA 1. Comprensión de lectura y uso de la lengua

Tarea 1, pp. 48-49

1-A: […] será efectiva a partir de la fecha de inicio de su periodo de prácticas […], manteniendo su vigencia durante todo el periodo de estos (de la beca); **2-C:** […] Reembolso del 100 % de los gastos […], así como fármacos y medicamentos en el centro hospitalario; **3-A:** Esta póliza prevé el reembolso de los gastos de hospitalización y tratamientos médicos y dentales sujeto a los siguientes límites […]. Los gastos de tratamientos psiquiátricos realizados por un profesional de la psiquiatría; **4-C:** Los gastos de o en relación con viajes o transportes (ambulancia u otros) están cubiertos si se utiliza un servicio de ambulancia profesional para transportar al asegurado; **5-B:** Gastos no cubiertos: […] Tratamientos cosméticos y de rejuvenecimiento. Está cubierta, sin embargo, la cirugía cosmética; **6-C:** Gastos no cubiertos: […] Los resultados directos o indirectos de explosiones, emisiones de calor o irradiación producida por una transmutación del núcleo atómico o por una radiactividad.

Tarea 2, pp. 50-51

7-G: Por su parte, la OMS ha tratado de delimitar el alcance de las medicinas tradicionales…; **8-A:** En una definición tan amplia caben numerosos procedimientos…; **9-F:** Para muchos médicos y farmacéuticos…; **10-B:** Los defensores de las medicinas complementarias…; **11-E:** También les resulta muy útil afirmar…; **12-C:** Por ello, la OMS ha tratado de sistematizar…

Tarea 3, pp. 52-53

13-B: […] que obtenían más del 40 % de sus calorías del consumo de grasas, presentaban el más bajo índice de colesterol y enfermedades asociadas […]. La mayor parte de esta grasa procedía del consumo de aceite de oliva y de aceitunas y, el resto, de cereales, verduras; **14-B:** La dieta mediterránea, con su diversidad y composición, constituye el equilibrio perfecto para disminuir ambos riesgos contrapuestos; **15-B:** (La dieta de los cretenses) Fundamentalmente, se basaba en lo siguiente: El 10 % correspondía a alimentos fundamentalmente grasos; **16-C:** No tengamos miedo […] al jamón ibérico; **17-A:** No tengamos miedo a una dieta variada; **18-C:** El 60 % […] correspondía a los alimentos del grupo de los hidratos de carbono.

Tarea 4, pp. 54-55

19-F: La respiración bucal es una condición patológica que afecta al sistema respiratorio. Toda modificación en el comportamiento respiratorio nasal hacia el bucal viene acompañado de una serie de transformaciones funcionales; **20-E:** […] el cuerpo necesita una exposición razonable a gérmenes propios de nuestro entorno cotidiano para desarrollar sus defensas; **21-C:** […] aquellas personas con la espalda muy recta o plana [...] quienes tienen una curvatura marcada naturalmente; **22-D:** […] escuchar la música que más nos alegra favorece la buena salud cardiaca; **23-A:** Una buena forma física influye directamente en el metabolismo […] incluyendo el sistema nervioso y órganos como el cerebro; **24-B:** […] puede producir tos, congestiones nasales, irritaciones de garganta, ojos, piel... es recomendable mantener los niveles de humedad; **25-E:** […] el hecho de desarrollarse en un entorno muy higiénico durante los primeros años de vida puede contribuir a la aparición de ciertas enfermedades en la edad adulta; **26-A:** Es indispensable […] prevenir el cansancio crónico […] y evitar el sedentarismo.

Tarea 5, pp. 56-57

27-B: En esta oración relativa se necesita un subjuntivo, porque lo que se dice sobre las vacunas es incierto o no se conoce, es decir, aún no existe o no se conoce ese tipo de vacunas y no se sabe si existirán (por eso están investigando, para encontrarlas); **28-B:** *Contra* = para combatir; **29-C:** *Preparación* = fórmula, preparado; **30-A:** *Muertos* = sin vida. *Letal* = que puede causar la muerte. *Asesinar* se emplea con personas; **31-B:** *Prevenir* = impedir, evitar; **32-B:** *Como,* aquí, introduce una ejemplificación y equivale a *por ejemplo. Tal* y *que,* son comparativos y necesitan la segunda partícula de la comparación (*más/menos que, tal como…*); **33-B:** *Origen* = procedencia; **34-A:** Se necesita imperfecto de indicativo porque se está describiendo en el pasado; **35-B:** *Práctica* = hábito, costumbre; **36-A:** La expresión correcta es *contraer* enfermedades. *Doler* y *enfermar* no llevan complemento directo; **37-C:** *Le* (al niño), porque se necesita un complemento indirecto; **38-B:** *En honor* = en homenaje, va seguido de las preposiciones *a* o *de*; **39-C:** *La del*, porque se refiere a la vacuna del sarampión. La opción *la que* va seguida de un verbo; **40-A:** La expresión correcta es *de… a* (o *desde… hasta*).

PRUEBA 2. Comprensión auditiva y uso de la lengua

Pista 6. Tarea 1, p. 58

1-A: […] voy a hablar sobre el sentido del humor. La mayoría de las personas, cuando ve un título como puede ser el de hoy: *Sentido del humor y salud* piensan: «A lo mejor me voy a reír, a lo mejor esto puede ser divertido»; **2-D:** […] no se ha constatado científicamente que el sentido del humor se esté perdiendo […] pero hay una serie de tendencias que me hacen sospechar que esto es así; **3-G:** [...] lo que sí está constatado son los beneficios del buen humor para la salud; **4-H:** […] la risa es un analgésico natural; […] la risa es una de las mejores maneras de reducir el estrés; **5-J:** Sabemos que el estrés está asociado a toda una serie de dolencias [...] con lo cual tenemos una prueba de la relación indirecta que existe entre la risa, el humor y la salud; **6-K:** [...] la gente que es más optimista vive más y tiene mejor salud, o al menos se siente más satisfecha con su salud.

Pista 7. Tarea 2, p. 59

7-C: […] se vende sin receta médica; **8-C:** […] si ve que la tos persiste o que sube la fiebre, debería ir al médico; **9-B:** […] creo que es tan solo un tema de ansiedad; **10-A:** […] voy a auscultarlo […], respire; **11-A:** […] estaba considerando la posibilidad […] la verdad, todavía no me lo he planteado […] mejor me lo pienso con calma; **12-B:** Mejor me lo pienso con calma y ya volveré otro día; **13-B:** Quería saber qué tengo que hacer para apuntar a mis hijos a las clases de natación; **14-C:** Se paga una cuota mínima cada seis meses.

Pista 8. Tarea 3, p. 60

15-A: […] a los dieciocho años me lesioné el antebrazo y la mano izquierda y tuve que dejar de tocar. […] Después de pasar por todo eso, decidí tratar a otros músicos; **16-C:** El problema viene porque se sobrepasa el límite fisiológico; **17-A:** 40/50 minutos de música y 10 de paro automático; **18-A:** […] normalmente entre seis y siete horas como mucho; **19-B:** Todas las técnicas que trabajan el equilibrio entre mente y cuerpo son muy recomendables y saludables; **20-B:** […] parar de tocar […] no lo recomiendo nunca.

Pista 9. Tarea 4, p. 61

21-B: *El médico de cabecera* = el médico general del centro de salud; **22-B:** *Flemón* = inflamación de las encías; **23-A:** *Tener décimas* = tener un poco de fiebre; **24-C:** *Ser mano de santo* = ser un remedio rápido y eficaz; **25-A:** *Pasar a mejor vida*, en sentido irónico = morir, fallecer; **26-C:** *Empacho* = indigestión, hartazgo; **27-C:** Se considera que los médicos tienen una grafía poco clara y que no se lee bien; **28-C:** *Arcadas* = movimiento violento del estómago que incita al vómito; **29-A:** *Bazofia* = comida poco apetitosa; **30-A:** *Ser corto de vista* = ver poco, ser miope.

EXAMEN 3. Mundo laboral

LÉXICO

MUNDO LABORAL   p. 70
1. a. 6; b. 10; c. 7; d. 8; e. 3; f. 9; g. 2; h. 5; i. 1; j. 4.
2. a. precariedad; b. sostenibilidad; c. desempleo; d. finiquito; e. despido; f. sinergia; g. plantillas; h. ascenso; i. interinidad; j. dimisión.
3. a. precariedad laboral (no se relaciona directamente con la contratación); b. trabajar (las otras palabras son sustantivos); c. aspirante (las demás palabras se refieren a una persona que ya tiene un empleo); d. ostentar (no se relaciona con práctica o la tarea de una ocupación o cargo).
4. Posibles respuestas. a. colaboración, cooperación; b. eficiencia, eficacia; c. compromiso, dedicación; d. responsabilidad, obligación; e. proactividad, iniciativa; f. labor, trabajo, ocupación; g. obligación, deber; h. retribución, compensación; i. gestión, administración; j. pagado, remunerado.
5. a. éxito: fracaso, derrota; b. innovación: repetición, estancamiento, conservadurismo; c. satisfacción: frustración, decepción, insatisfacción; d. transparencia: opacidad, encubrimiento; e. crecimiento: disminución, reducción, mengua.
6. a. desempeño; b. innovación; c. liderazgo; d. implementar; e. motivar; f. supervisar; g. gestionar; h. emprendimiento; i. competitividad; j. delegar.
7. 1. b; 2. a; 3. i; 4. f; 5. d; 6. e; 7. c; 8. g; 9. h; 10. j.
8. 1. b. *innovación* es el término adecuado en este contexto, ya que se habla de introducir algo nuevo (la selección por valores y no solo por CV); *renovar* sería 'hacer como de nuevo algo, o volverlo a su primer estado' y ese no es el sentido del contexto; 2. c. *rotación* se refiere, aquí, a la salida y reemplazo de los empleados; *alternancia* se refiere a la distribución de algo entre personas o cosas que se turnan sucesivamente, y no es esto a lo que se refiere el texto; *revolución* no tiene sentido aquí; 3. a. Las *competencias* son los conocimientos y destrezas específicas de una persona u organismo; 4. b. *evaluación. Apreciación* es una valoración subjetiva y reconocimiento de la importancia de algo o alguien; *estimación* (aprecio, consideración, afecto) no tiene sentido en este contexto; 5. a. La *organización* de una empresa se refiere a cómo se organizan sus recursos y funciones para alcanzar sus objetivos; *estructura* se refiere más a la forma en que se organiza una empresa; 6. c. La *pericia* es la sabiduría, práctica, experiencia y habilidad de una persona para hacer algo, mientras que la *soltura* se refiere a la agilidad, prontitud y facilidad para hacer algo; *gracia* se refiere a aquello que hace agradable a alguien o algo; 7. c. Una persona o cosa *productiva* (en este caso un equipo) tiene la capacidad de generar beneficios, productos o resultados. *Lucrativo* es algo rentable que puede generar ganancias. Se usa más para hablar de negocios; *remunerador*, opción b., se usaría para hablar de alguien que paga; 8. b. *empleados*; *subalternos* se refiere a los trabajadores que está por debajo (subordinados); *funcionario* es quien desempeña profesionalmente un empleo público; 9. c. El *desempeño* es la realización de una tarea, cumplir con una obligación o llevar a cabo una actividad. Se refiere a la forma en la que se realiza una actividad y es algo que se puede medir o evaluar; *cumplimiento* se referiría al nivel de consecución de una obligación según exigido o requerido, ya sea por norma o ley, y no tiene sentido aquí; 10. b. La expresión adecuada es mercado *laboral*.
9. a. Alcanzar un acuerdo; b. Realizar una estimación; c. Establecer una estrategia; d. Desarrollar una práctica; e. Mejorar la satisfacción; f. Llevar a cabo un acuerdo; g. Implementar una norma; h. Promover la participación.
10. Posibles respuestas. a. negocio, negociable, negociar; b. instrucción, instruido, instruir; c. salario, salarial, asalariar; d. gestión, gestionable, gestionar; e. beneficio, beneficioso, beneficiar; f. capacidad, capacitado, capacitar. g. despido, despedido, despedir; h. reclutamiento, reclutado, reclutar.
11. Posibles respuestas. a. agenda, calendario; b. marcador, rotulador; c. mundo; d. diálogo; e. lápiz; f. cartera; g. idea; h. directivos.

GRAMÁTICA

1-B: Este. Hablamos de alguien que se acaba de incorporar (recientemente). *Aquel* se referiría a alguien del pasado. *Nuestro* es incorrecto, porque la frase relativa siguiente (*que se ha incorporado*) es una especificación y esto no tendría sentido con un antecedente ya específico (*nuestro nuevo suplente*).

2-A: Quién. Para preguntar por una persona específica dentro de un grupo usamos *quién*. *Cuál* se utiliza delante del grupo o de las opciones (¿Cuál de los candidatos?) y *qué* se utiliza delante de un sustantivo (¿Qué candidato?).

3-B: cuantas. *Cuantas oportunidades se te presenten* se refiere a todas las oportunidades que se te presenten, tantas oportunidades como se te presenten, etc. El uso de *cuántas* no sería posible, ya que no se trata de una pregunta. *Todas* sería correcta seguida del artículo *las* y el relativo *que* (*todas las oportunidades … que*).

4-A: porque. La frase niega una causa y la expresión causal es *porque*. *Porqué* es un sustantivo que debería ir precedido del artículo (*el*) y *por qué* es un interrogativo, pero aquí no se formula ninguna pregunta.

5-B: condiciones laborales nuestras. Esta es la única opción adecuada, ya que delante del sustantivo (*nuestras condiciones*) no podría llevar el artículo *las;* la opción c es agramatical.

6-C: lo cual. El relativo *lo cual* se utiliza para hacer referencia a una idea o situación previamente mencionada (*hemos implementado nuevas tecnologías*). *El que* y *el cual* no tienen este sentido, ya que se refieren a algo específico masculino singular.

7-C: Aquellos que. Tras un demostrativo como *aquellos,* podemos utilizar el relativo *que*, pero no *quienes* ni *los cuales*. Los pronombres demostrativos no se anteponen directamente a pronombres relativos como *quienes*. Esta combinación no es sintácticamente correcta en español; la regla general dicta que, si se necesita establecer un referente humano con un pronombre relativo, se deben usar formas específicas que ya están incluidas en las palabras *quien, quienes*, etc., sin necesidad de un demostrativo adicional que las anteceda.

8-A: cosa que. *Cosa que* puede utilizarse como sinónimo de *algo que* o *lo que* de forma coloquial para hacer referencia a una situación, asunto o concepto que se ha mencionado.

9-B: manda. El pronombre relativo *quien* es equivalente a *la persona que* y va con un verbo en 3ª persona singular. *Mando* y *mandaré* van en primera persona.

10-A: Ø. La conjunción *y* une dos oraciones relativas en las que el adverbio relativo es *donde* (de ahí que no haya que repetirlo). La opción c sería posible con la preposición *en* (*en la que*).

11-C: tan. La comparación de igualdad con adjetivos es *tan… como*. Podríamos decir que es *muy* buen gestor *y* comunicador. El adverbio *más* se usa en comparativas de superioridad, pero el segundo término viene introducido por *que*.

12-B: tanto como. *Tanto como* se utiliza para establecer una comparación de igualdad. *Tanto que* tendría un valor consecutivo y la comparación de inferioridad sería *menos de lo que* en esta frase, pero no tendría sentido.

1-B: Quiénes. *Cuáles* se usa para preguntas que implican elección dentro de un grupo, pero no es tan apropiado para referirse a la identidad de las personas, que es lo que se necesita aquí. *Cuyos* es un posesivo que no tiene sentido aquí.

2-A: El. El artículo *el* se usa con un infinitivo para sustantivarlo, de esta manera se convierte en un sustantivo abstracto que expresa una acción en general. Un infinitivo sustantivado es un infinitivo que funciona como un sustantivo en una oración, y puede ir precedido de un artículo, como en este caso, o aparecer en plural.

3-C: Lo. El sujeto, excepto en el caso de los nombres propios, debe ir introducido por un determinante, por ejemplo, un artículo. *Lo de* se usa para hacer referencia a un tema o asunto que ya se ha mencionado o que es conocido por los hablantes (la transformación digital). Es similar a *eso de*.

4-C: cuanto. *Cuanto* aquí equivale a *cuantas veces, todas las veces que*, y va con subjuntivo, porque se refiere a una acción futura e hipotética, indicando una posibilidad no segura. *Si* no sería posible porque, con valor condicional, no puede ir con presente de subjuntivo; *cuando* expresaría tiempo.

5-B: el cual. Porque se está aportando información adicional entre comas y se refiere al *análisis de datos*. *Cuyo* indica posesión y *cual* siempre va acompañado del artículo cuando tiene valor de relativo.

6-A: Quien. Es un pronombre relativo que se utiliza sin antecedente expreso y se utiliza para personas. *Que* y *el cual* se utilizan tras un antecedente.

7-C: que. Se utiliza el relativo *que* tras un antecedente (*aquel artículo tuyo*). *Quien* se usa solo para personas y sin antecedente expreso y *cual* va necesariamente con artículo.

8-C: Que. *Que* aquí equivale a decir *el hecho de que* o *el que,* expresando qué es lo que *dice mucho a su favor. Como* podría indicar modo, algo que aquí no tiene sentido, o introducir una condición hipotética (*si*). En ese caso, tendría que haber una consecuencia, a menudo no deseable, en relación con alguna situación futura, y no es el caso; *quien* se refiere solo a personas.

9-A: quisiera. *Como si* introduce una comparación irreal y requiere el imperfecto o pluscuamperfecto de subjuntivo, dependiendo del tiempo verbal de la oración principal. *Querría* (condicional) y *querrá* (futuro), por tanto, son incorrectos.

10-B: que. Sirve para introducir el segundo término en las comparaciones de superioridad (*más que*), como en este caso, o inferioridad (*menos que*). *Como* y *cuanto* no tienen sentido aquí.

11-A: a lo. *A lo + sustantivo* se usa para indicar estilo, manera o semejanza con algo o alguien. Es una construcción equivalente a *al estilo de* o *como.*

12-C: de. En esta oración comparativa de cantidad, debemos usar *de* en lugar de *que* o *como.*

SERIE 3   p. 75

1-C: aquellos. Los demostrativos pueden usarse también con valor de tiempo, referidos al presente (*este, esta, estos* y *estas*) y al pasado (*aquel, aquella, aquellos* y *aquellas*). En este caso, por el contexto (*antes*), entendemos que se refiere a algo lejano en el tiempo.

2-B: Eso. Se utiliza el pronombre neutro para hacer referencia a algo que se ha mencionado previamente o que está implícito en el contexto, pero sin especificar. *Aquel* y *aquellos* son masculinos y, por tanto, no son neutros.

3-C: qué. Este interrogativo precedido de la preposición *para* se refiere al propósito o finalidad de la acción. *Lo que* es un relativo que sirve para introducir una oración relativa o adjetiva (que complemente a un antecedente). *Cuál* solo se utiliza para preguntar por varios elementos de entre un grupo.

4-C: De entre. La pregunta se refiere a la selección de estrategias dentro de un conjunto específico. *De* indicaría el origen o separación (que procede de); *Entre* indica el conjunto específico de esas cosas (*las estrategias*).

5-A: cuyo. Es el adjetivo relativo adecuado para expresar posesión o pertenencia, indicando que el enfoque pertenece a la fundación.

6-C: cuando. Para expresar indiferencia (la oración relativa expresa que las subvenciones serán bien recibidas sin importar cuándo lleguen), se utiliza la repetición de un mismo verbo en presente de subjuntivo unidos por un relativo (*sea como sea, pase lo que pase*). En este caso, se está refiriendo al tiempo, por lo que se tiene que usar el relativo *cuando. Antes* y *si* no son relativos.

7-A: lo que. Introduce una explicación mediante una oración relativa que hace referencia a una idea o un concepto abstracto mencionado previamente (*el teletrabajo ofrece una mayor flexibilidad horaria*). *Cual* sería posible si llevase el neutro *lo.*

8-B: como para. Se utiliza el nexo *como* para introducir el segundo término de la comparación de igualdad, en este caso una comparación de intensidad o grado con una consecuencia (*tan... como*). Seguido de *para* + infinitivo, o de *para que* + verbo en subjuntivo, introduce la consecuencia posible o esperable de lo expresado con anterioridad (*no entender qué factores...*). Las otras dos opciones no introducen el segundo término en las comparaciones de igualdad.

9-C: el que. Con los verbos de sentimiento (*gustar, preocupar, temer...*) el sujeto es pasivo y va con un pronombre de complemento indirecto (*me, te, le...*) que indica quién percibe el sentimiento. Si el sujeto es una oración, como en este caso, (*esta organización no llegue a tiempo...*) puede ir introducido con *que,* es el nexo más frecuente, por un relativo sin antecedente (*el/la que*) o por un nexo para introducir una pregunta indirecta, como *si* (en este caso nunca en subjuntivo). *El que* es la opción correcta aquí, porque el verbo va en subjuntivo y se utiliza para hacer énfasis en el motivo de la preocupación.

10-A: como. *Como* se utiliza para introducir el segundo término de una comparación de igualdad. *Que* se usaría como conector seguido de un verbo y *cual* no se usa como segundo término de *tan.*

11-C: que. *Que* se utiliza para introducir el segundo término de una comparación de inferioridad (también de superioridad). *Mas* y *tanto* aquí no tendrían sentido como segundo término de la comparación.

12-C: más. El uso de *más* resalta la diferencia en cantidad al comparar ambos lugares. *Tan* se usaría para expresar igualdad y el segundo término de la comparación siempre se introduce por *como. Tal* no tiene sentido aquí.

1-B: Este. En el lenguaje coloquial, se utilizan los demostrativos antepuestos o postpuestos a un sustantivo para expresar una valoración positiva o negativa (como en este caso). Si se refiere a una persona cercana físicamente o en el tiempo, el demostrativo es el de proximidad, *este*.

2-A: esta. Igual que en el caso anterior, se utiliza el demostrativo antepuesto o pospuesto a un sustantivo para expresar una valoración, en este caso positiva. Si se refiere a una persona cercana físicamente o en el tiempo, el demostrativo es el de proximidad, *esta*.

3-C: cuanto. *Cuanto* aquí equivale a *todo lo que* y va con subjuntivo, porque se refiere a una acción futura e hipotética, indicando una posibilidad no segura. *Como* sería posible si el imperativo fuera acompañado de un pronombre de objeto directo (*dilo como quieras*).

4-C: que. El el segundo término de comparación de superioridad es *que* (*más... que*). Las otras opciones no son correctas.

5-A: la que. Este relativo se utiliza sin antecedente expreso y aquí significa *la* (persona) *que manda*. *Cualquiera* no tendría sentido, pues se trata de una persona concreta, y *la cual* solo se usaría en contextos más formales, para aclarar algo, y precedida de preposición.

6-B: cosa. Funciona como un sustantivo abstracto que hace referencia a la afirmación o situación mencionada en la oración anterior (*se atrevió a decirme que...*).

7-C: La que. Por su posición al inicio de la oración, solo *la que* es posible. *Quién* sería correcto en el caso de no llevar tilde; *La cual* no iría en esta posición.

8-B: de lo. En las comparaciones de cantidad el segundo termino se introduce por la preposición *de*, por lo que la primera opción es incorrecta. Un relativo, precedido de preposición, necesita un artículo y, al tratarse de un concepto, debe ser el artículo neutro *lo*.

9-A: El. El infinitivo puede actuar como un sustantivo y puede ser modificado por determinantes y adjetivos propios de los sustantivos, como en este caso con el artículo *el*.

10-C: Cuando. *Cuando* con sustantivos (sin verbo) se utiliza con valor de preposición en sustitución de una oración temporal (cuando niño, cuando la fusión, cuando la guerra). *En momento* no sería correcto, necesitaría *en el momento de* y *mientras* necesitaría ir seguido de un verbo (mientras se produjo la fusión...).

11-A: de lo que. En comparaciones de inferioridad (y también de superioridad) de cantidades, el segundo término de la comparación se introduce mediante la preposición *de*. Al no expresarse la cantidad, se requiere de un relativo con artículo y, como se refiere a una idea o concepto, debe ser el neutro.

12-C: fuera. Para hablar de una situaciones hipotéticas o supuestas, podemos utilizar la construcción *como si* seguida de imperfecto o pluscuamperfecto de subjuntivo. *Iría* y *va* no son posibles por eso.

FUNCIONES

1-B: Claramente valió la pena darme de alta... Es la opción correcta en esta fórmula usada para dar información. *Absolutamente* indica totalidad o firmeza, y *debidamente*, que se hace de la manera adecuada.

2-A: ¿Tienes idea de si se ha cerrado...? Esta fórmula se usa para pedir información, pues introduce una pregunta (¿se ha cerrado ya...?) de forma indirecta. *Como* expresa modo y *cuánto* es un interrogativo de cantidad.

3-B: Nos complace poder presentarle... Esta es la fórmula adecuada para presentar a alguien; *introducir* es un sinónimo de *meter; conocer* no se usa en fórmula para presentar a una persona.

4-A: ¿A qué se debe la falta de...? Es la única opción posible en esta fórmula para solicitar una explicación. *Deba* es un subjuntivo y no se puede usar en una oración interrogativa y tampoco *debería* porque no hay valor condicional; sería posible si fuese con *se* (*se debería*), con la idea de preguntarse por la causa de algo.

5-C: Una cosa es necesitar más recursos y otra que haya... En esta fórmula para dar información, se contrastan dos supuestos casos. Este tipo de construcciones se forman con *que* + subjuntivo cuando los sujetos son distintos. Como la frase está en presente, el verbo subordinado va en presente de subjuntivo.

6-B: Encantada. Tenía ganas de conocerla en persona. Es la opción correcta en esta fórmula para responder a una presentación. Se utiliza para indicar que se desea algo. *Afán* y *ansia* son sinónimos, pero tienen un valor más enfático y no se usan en este contexto.

7-C: ¿Cómo se explica que haya...? Se requiere el presente de subjuntivo en esta fórmula para solicitar una explicación, porque con él se expresa una duda. *Hay* se usaría para confirmar la existencia de algo (la rotación de personal), pero no es una pregunta cuya respuesta es incierta. *Tiene* sería posible si estuviera en subjuntivo.

8-A: Es para mí un gran honor presentarle... Esta es la única opción posible en esta fórmula para presentar a alguien en un contexto muy formal. Las otras dos expresiones son también formales, pero no se usan para presentar.

9-C: Lo hice con idea de que mejorara... Se usa el pretérito imperfecto de subjuntivo en esta fórmula para dar información, dado que hay sujetos diferentes en la oración principal (*yo*) y la oración subordinada (*la calidad del servicio*).

SERIE 2 p. 76

1-A: ¿Cómo andamos? La fórmula correcta para esta forma de saludo es con indicativo. En interrogativas directas solo se usa indicativo.

2-B: Parece que ha pasado la mala racha. Se trata de una fórmula para responder a un saludo, expresando que se ha superado un periodo de mala suerte o negativo. En este contexto, la única opción válida es referirse a ese periodo negativo como *mala racha*.

3-C: Para qué te voy a contar. Esta fórmula para responder a un saludo se usa cuando una persona está pasando una mala época y no quiere entrar en detalles. Suele ir acompañada de *para*. Las otras dos opciones no son correctas.

4-C: Creo que estás de enhorabuena. *Estar de enhorabuena* es una fórmula para felicitar a alguien. *Estar de éxitos* o *estar de congratulaciones* no son correctas.

5-B: Perdona, eres... ¿verdad? En esta fórmula para dirigirse a alguien, el verbo está en la forma *tú* (eres), por eso *perdona* es la única correcta. *Perdóneme* y *excúseme* se refieren a *usted*.

6-A: Hombre, qué sorpresa. ¿Me recuerdas? En esta fórmula para dirigirse a alguien preguntándole si se acuerda de él, solo *recordar* es la opción adecuada. *Te acuerdas* necesitaría del complemento (*de mí*) y *acuerdas* tiene un significado diferente.

7-C: Mis mejores deseos para tu nueva etapa profesional. Es la fórmula que usamos para felicitar por un nuevo trabajo o futuro. Las otras expresiones son sinónimas, pero no se usan como fórmula.

8-B: No me puedo quejar, la verdad... Se trata de una fórmula frecuente para responder a un saludo indicando que todo va bien. Las otras dos expresiones no tendrían sentido.

9-C: Es un placer saludarlo. Es la única fórmula posible para saludar. *Un encanto* y *una sorpresa* no se usarían con el verbo *saludar*.

SERIE 3 p. 77

1-C: No dudes en decirme si... En esta fórmula para ofrecerse a hacer algo, solo el imperativo negativo (presente de subjuntivo) es posible.

2-A: ... te garantizo que obtendrás... Esta es la única opción posible en esta fórmula para prometer algo. *Adivino* y *felicito* no se usan para prometer.

3-B: Ha sido un auténtico placer... Es una frase usada con frecuencia para despedirse. *Recurso* y *reconocimiento* no se usan en este contexto.

4-B: ¡Pásatelo en grande! Esta construcción se usa para formular un deseo hacia alguien (que lo pase muy bien). *A lo grande* indica *con mucho lujo*, lo que no tiene sentido en este contexto, y *grande*, aquí, es incorrecto.

5-C: Ya sabes dónde estoy. En esta fórmula para ofrecerse a hacer algo, solo el presente de indicativo es posible, por el tipo de oración condicional real que es (si necesitas algo, ya sabes...).

6-A: Te deseo todo el éxito del mundo... Esta es la única frase posible para desearle a alguien que tenga toda la suerte posible (un buen deseo). Las otras dos opciones no tienen el mismo sentido ni se emplean igual.

7-B: Seguimos en contacto. Esta fórmula usada para responder a despedidas indica que la persona desea seguir manteniendo una comunicación con su interlocutor. Con *juntos* y *amigos* la frase no tendría ese sentido.

8-C: Les ofrecemos nuestros servicios para... El presente de indicativo es la única opción posible en esta fórmula para ofrecerse a hacer algo. No hay motivo para usar el subjuntivo.

9-C: Nos tiene a su disposición para... Esta fórmula es bastante frecuente en contextos formales para ofrecerse a ayudar a alguien. *Ayuda* y *colaboración* son palabras sinónimas, pero no se usan con la fórmula.

CORRECCIÓN DE ERRORES   p. 77

a. En los últimos años *ha habido* una sucesión de crisis *económicas* muy graves. El verbo *haber,* para expresar la existencia, se utiliza solo en tercera persona singular. *Una sucesión de* se refiere a un conjunto de cosas o hechos que se siguen unos a otros, por lo que va con sustantivos en plural (*crisis* tiene la misma forma en singular que en plural), por eso el adjetivo debe estar también en plural.

b. Recuerda que para *abrir* un negocio son *necesarios* una serie de *permisos*. Según el *Diccionario panhispánico de dudas* el uso de *aperturar* en lugar de *abrir* (habitual en el lenguaje bancario) no está justificado. *Permisos* es el sustantivo adecuado para referirse a las autorizaciones necesarias para operar legalmente. *Permisión* es poco frecuente y se refiere a una acción o acto de permitir algo.

c. Para elaborar el presupuesto anual hay que *tener* en cuenta estas *directrices* económicas. *Tener en cuenta* se refiere a prestar atención a ciertos factores o detalles al tomar una decisión. El sustantivo abstracto para referirse a las indicaciones es *directrices* (del verbo *dirigir*).

d. Estos operarios están realizando *un paro laboral* para *protestar* por su situación. *Parada laboral* se refiere a un descanso. Cuando se habla de una huelga, la palabra adecuada es *paro*. *Laborable* se refiere a lo que puede ser trabajado (por ejemplo los días de la semana), por eso aquí no es correcto y necesitamos *laboral* (relacionado con el trabajo). *Indignarse* tampoco es correcto en esta frase, pues es la causa por la que se realiza el paro y se protesta.

e. La política *social* del gobierno actual pretende *reducir* las desigualdades económicas. *Social* significa que está relacionada con la sociedad; *sociable* describe una cualidad de una persona. *Menguar* se refiere a una reducción física (literal), no figurada, y no se usaría en este contexto.

f. Según este *anuncio*, hay cuatro *plazas* disponibles para el puesto de comercial. *Publicidad* es una campaña con fines promocionales de un producto comercial, no de una idea o aviso. *Cargo* se refiere a una función o responsabilidad específica dentro de una organización, pero aquí lo correcto es *plaza* (vacante disponible en una institución).

g. Fue presentada a todos como la nueva *presidenta* del banco. *Presidenta* es la forma correcta y preferida para referirse a una mujer que ocupa este tipo de puesto.

h. Es una mujer de *posibles,* por lo que todo lo que adquiere es exclusivo. Ser una persona *de posibles* significa que tiene un gran poder adquisitivo, que es lo que indica el contexto (*lo que adquiere es exclusivo*); *posibilidades* se refiere a la cualidad de ser posible o a la probabilidad de que algo ocurra y también puede referirse a los medios o recursos disponibles para realizar algo.

i. Antes había trabajos que *duraban* toda la vida y *se valoraba* la experiencia. En ambos casos, el tiempo del verbo adecuado es el pretérito imperfecto, ya que se está describiendo una situación en el pasado, no se refiere a una acción terminada, por eso no puede ser *duró* y tampoco hay motivo para usar la voz pasiva (*fue valorada*).

j. Creo que se puede vivir *dignamente* con un presupuesto de mil euros mensuales. El uso de *de que* es un error llamado *dequeísmo*, que consiste en añadir innecesariamente la preposición *de* antes de la conjunción *que*. *Dignamente* es el adverbio correcto derivado del adjetivo *digno*. *Dignificar* existe como verbo, pero no el adverbio *dignificadamente**.

USO DE PREPOSICIONES   p. 77

a. tendrá lugar **en** la sala **de** conferencias; b. fue entregado **a** tiempo por el equipo **de** expertos; c. está comprometida **con** la sostenibilidad; d. informar **de** cualquier problema que surja; e. se centrará **en** el desarrollo **de** habilidades; f. dependen **de** la colaboración **entre** departamentos; g. la política **de** la empresa se basa **en** principios éticos; h. cumplir **con** los plazos; i. el departamento **de** personal se encargará **de** las contrataciones; j. ser revisado **por** el gerente antes **de** enviarlo.

PRUEBA 1. Comprensión de lectura y uso de la lengua

Tarea 1, pp. 78-79

1-B: […] solo un 2 % de las *startups* fundadas por mujeres reciben inversión de capital en Europa; **2-C:** […] si decidiste darte de baja por motivo de maternidad, y quieres inscribirte de nuevo menos de dos años después, tienes derecho a acceder de nuevo a la tarifa plana; **3-A:** Este préstamo […], destinada a fomentar el desarrollo empresarial en el ámbito digital; **4-B:** Esta ayuda se otorga mediante una plataforma dedicada a la formación *online*; **5-B:** Si la mujer está mucho menos presente en el mundo del emprendimiento en general, la brecha de género se hace más patente en el ámbito rural […], aquellos que están al frente de las empresas son fundamentalmente hombres; **6-B:** Programa […] de apoyo gratuito para impulsar el *e-commerce*.

Tarea 2, pp. 80-81

7-E: Sobre la larga mesa reluciente de caoba se extendían desperdigados todo tipo de informes...; **8-B:** Un silencio ahogó las voces de todos aquellos que poco a poco fueron ocupando los asientos al detectar la presencia de la «jefa»; **9-D:** Nuestro mejor cliente amenaza con dejarnos […]. O nos vamos a la mierda o resurgimos con más brío...; **10-A:** El susodicho Gutiérrez enrojeció al instante...; **11-C:** No estaba al tanto de las cifras, ni qué decir del público objetivo...; **12-G:** Transcurre un tiempo que a mí se me hace eterno, todas las miradas convergen hacia la cabecera de la mesa...

Tarea 3, pp. 82-83

13-B: Es fácil malinterpretar los comentarios improvisados o los intentos de decir algo divertido, por lo que es crucial que todas las comunicaciones de texto estén cuidadosamente redactadas; **14-A:** Tener confianza y estar familiarizado con la tecnología […] es especialmente importante cuando se trabaja a distancia. […] no querrás ser la persona que interrumpe los flujos de trabajo de tus compañeros; **15-B:** Para ayudar a los teletrabajadores con problemas técnicos […], algunas empresas se han asociado con talleres de reparación locales; **16-C:** Si quieres que se vea el trabajo que hiciste y recibir el reconocimiento adecuado, siéntate con tus supervisores […], de manera que quede claro cuándo se están alcanzando y excediendo las metas; **17-C:** Abrirte y relacionarte con tus colegas desde lejos puede resultar incómodo, pero se puede hacer de forma fácil y auténtica; **18-C:** […] las políticas de la compañía se harán más sensibles a las necesidades de los trabajadores remotos y más hábiles para integrarlos y respaldarlos.

Tarea 4, pp. 84-85

19-E: Una buena gerencia es responsable o no del éxito de una empresa; **20-C:** […] los pilares básicos: aprender a ser, aprender a hacer, aprender a aprender y aprender a convivir; **21-A:** […] el periodista digital ha de tener un conocimiento suficiente, pero no necesariamente experto de las herramientas; **22-D:** [...] centrar la atención en aspectos estructurales y permanentes, como las relaciones de poder de género, la discriminación y las desigualdades institucionales y estructurales [...] «La desigualdad es un problema urgente y complejo [...]»; **23-F:** Si bien este proceso no es nuevo […] nunca antes como en estos tiempos la tecnología ha ocupado un lugar tan destacado; **24-B:** […] reclama la atención de los padres los cuales deberán prestar la ayuda necesaria para escoger la formación que más se adecue a sus expectativas de vida; **25-C:** […] se aborda el concepto de la competencia laboral desde el punto de vista empresarial, psicológico y del diseño curricular en el proceso de formación por competencias […] puede extenderse a todos los profesionales; **26-E:** […] la capacidad que tiene de reducir al mínimo los recursos usados para alcanzar los objetivos de la organización.

Tarea 5, pp. 86-87

27-A: *Desgastar* = cansar, extenuar (referido a la persona). *Gastarse* y *consumir* no tienen sentido aquí; **28-B:** Para preguntar por el motivo o la causa de algo, se usa *por qué*. *Por que* es la combinación de *por* y el pronombre relativo *que* = por el que. *Porque* se usa para responder a una pregunta o explica una situación o circunstancia; **29-C:** *Les* (complemento indirecto: a ellos); **30-B:** *Exigente* = difícil; **31-C:** *Acababan de*, se necesita imperfecto de indicativo porque se está describiendo en el pasado; **32-A:** *Principal* = que tiene el primer lugar, el más importante; **33-C:** *Resolver* = solucionar; **34-A:** *Hallazgos* = descubrimientos; **35-B:** *Se vuelve* = se hace, en el sentido de *regresar al punto de partida* (concentrarse de nuevo es más difícil); **36-B:** *Al fin y al cabo* = a fin de cuentas, en resumen; **37-A:** *A largo plazo* = en un espacio de tiempo más lejano; **38-C:** *Aparece*, porque el hablante explica una circunstancia temporal habitual referida al presente; **39-B:** *Entrenar* = preparar, adiestrar; **40-A:** *Saber* = conocer, entender. *Ignorar* sería imposible, ya que significa *no saber* y el adverbio *no* ya aparece en la frase.

PRUEBA 2. Comprensión auditiva y uso de la lengua

Pista 11. Tarea 1, p. 88

1-A: ¿Nunca has contestado un correo de trabajo durante un evento familiar importante […]?, nuestros días están llenos de millones de pequeñas interrupciones de este tipo; **2-C:** […] enviado un mensaje de texto a su responsable desde el supermercado, o escrito un correo a un colega […], estas interrupciones conllevan un costo real […], juntos suman una pérdida tremenda de tiempo; **3-D:** La constante presencia laboral en nuestras vidas personales puede aumentar nuestro estrés y socavar nuestra felicidad; **4-F:** [...] este tipo de interrupciones constantes suponen también un costo para las organizaciones [...], que pierden, anualmente, treinta y dos días de productividad debido a la depresión de sus empleados que, a menudo, son fruto del estrés y del agotamiento provocados por nuestra cultura de estar siempre activos; **5-J:** Otra (estrategia) puede ser crear límites claros para el tiempo libre; **6-L:** Una vez que descubras el profundo impacto que estos cambios pueden tener [...]. Tal vez incluso se sientan inspirados también [...].

Pista 12. Tarea 2, p. 89
7-C: Y, por otro lado, está embarazada de cuatro meses; **8-A:** ¿Cuántos años lleva trabajando?; **9-B:** ¿Qué piden? [...] Tener el bachillerato; **10-B:** No tengo coche. Nada, hoy no es mi día; **11-C:** En fin, en ese caso, ¿tendría derecho a cobrar la prestación por desempleo?; **12-B:** Lo mejor es que vaya al INEM a consultarlo; **13-A:** [...] mi hermano no sabe si quedarse o no con los nuevos propietarios; **14-C:** [...] tienen que respetarle por entero sus condiciones laborales.

Pista 13. Tarea 3, p. 90
15-B: El circo busca, ante todo, gente profesional [...] con mucha sensatez; **16-B:** La lengua de comunicación con todos es el inglés, pero en caso de que un artista no lo hable cuando empieza a trabajar allí; **17-A:** [...] acompañar al artista desde su llegada [...], porque son muchas las cosas que tiene que entender y asimilar. [...] le orientamos en el laberinto de cosas que debe hacer a su llegada; **18-A:** [...] en general hay una buena relación entre el artista y el intérprete; **19-C:** Lo que me gusta es que no hay espacio para el aburrimiento; **20-B:** [...] era analfabeto y la esposa lo ayudaba con los documentos.

Pista 14. Tarea 4, p. 91
21-C: *Menos conocimientos* = menos formación; **22-C:** *Paro* = desempleo, estar sin trabajo; **23-C:** No cumplía ni con el requisito de formación ni con el de idiomas; **24-C:** *Currar* (coloquial) = trabajar; **25-B:** *Chapuzas* = persona que realiza obras o reparaciones de poca importancia; **26-B:** *Aplicaciones informáticas* está relacionado con los ordenadores; **27-B:** *Año sabático* = año de licencia con sueldo que algunas instituciones conceden a su personal; **28-C:** *Estar mano sobre mano* = no hacer nada, permanecer inactivo, es como *no dar un palo al agua* = no trabajar ni esforzarse; **29-B:** *Arrimar el hombro* = ayudar activamente a otros en un trabajo o en el logro de un fin; **30-A:** *Canguro* = persona que cuida a niños pequeños durante breves espacios de tiempo.

EXAMEN 4. Ciencia, tecnología y transportes

LÉXICO

CIENCIA Y TECNOLOGÍA   p. 100
1. a. artefacto; b. proceso; c. invención; d. sistema; e. innovación; f. descubrimiento.
2. 1. a. *determina. Determinar* significa aclarar, decidir, tomar una resolución, que es lo que se necesita en este contexto; *influir* necesitaría la preposición *en* y *define* tiene el sentido de describir, explicar, y no es lo que se necesita aquí; 2. c. *juicios*. Los juicios son valoraciones que hacemos sobre si una acción, conducta o decisión es buena o mala, justa o injusta, según principios éticos y normas sociales. *Veredictos* y *sentencias* los da un juez en un tribunal; 3. b. *clonación*. Se refiere a una copia genéticamente idéntica de una persona. *Reproducción* y *procreación* son conceptos con sentido diferente; 4. a. *riesgos*. Se habla de la posibilidad de que ocurra un evento negativo o no deseado; *daños* y *perjuicios* son sinónimos y con sentido diferente al que se quiere expresar; 5. c. *optimización*. Mejor gestión, que aumenta la eficiencia y evita retrasos; la *mejoría* del tiempo se referiría al tiempo atmosférico; 6. a. *combustible*. Es lo indicado en este contexto en el que se habla del tráfico y los conductores; 7. a. *dilema*. Decisión difícil entre dos o más opciones; un *enigma* es algo encubierto difícil de entender o interpretar y un *acertijo* es una adivinanza; 8. b. *ha estado motivado. Motivar* se refiere a dar un impulso interno o una razón para actuar, mientras que *promover* implica impulsar o hacer avanzar algo, generalmente de manera externa; 9. c. *carga*. Se habla de *carga de trabajo* cuando nos referimos al volumen de tareas que hay que realizar; *pesadez* se referiría a algo aburrido; 10. b. *huellas*. Marcas o impactos que deja la tecnología; *colisión* se refiere al choque de dos cuerpos, por lo

que no tiene sentido aquí, lo mismo que *señalizaciones*; 11. a. *propagación*. Se habla de la *propagación de un virus* (transmisión de un organismo a otro); *divulgar* es publicar algo o ponerlo al alcance el público; 12. c. la *sustentabilidad* es el empleo responsable y consciente para minimizar los impactos negativos y poder aprovechar sus beneficios a largo plazo, *viabilidad* y *pervivencia* no tienen sentido en este contexto.

3. Posibles respuestas. a. avance: progreso/retroceso; b. optimización: mejora/empeoramiento; c. relación: conexión/separación, desconexión; d. velocidad: rapidez, celeridad/lentitud; e. innovador: novedoso, original, pionero/conservador; f. organización: planificación/desorganización.

4. a. dispone de; b. obtuvo; c. desempeñaron; d. Posee/Cuenta con; e. cuenta con/posee; f. mantuvo; g. incluye; h. Captaron; i. sufrimos; j. ha ejercido.

5. a. 8; b. 1; c. 2; d. 5; e. 6; f. 4; g. 7; h. 10; i. 3; j. 9.
a. abstenerse de; b. obtener; c. sostener; d. detener; e. retener; f. atenerse a; g. entretener; h. sostenerse; i. mantener; j. contener.

6. a. (R)/(A); b. (C); c. (R)/(A); d. (R)/(A); e. (C); f. (C); g. (R)/(A); h. (R)/(A); i. (R); j. (R)/(C).

7. a. *Buen hombre* es alguien fiel, confiable y *un hombre bueno* es alguien de carácter apacible y bondadoso que actúa conforme a principios éticos y morales sólidos; b. *Gran descubrimiento* significa que es importante y valioso y *descubrimiento grande* hace referencia a su tamaño; c. *Único problema* indica que no hay otros y *problema único* significaría que el problema es singular, excepcional; d. *Científico premiado mismo* quiere decir en persona y el *mismo científico* expresaría que no se trata de otro científico diferente; e. *País muy pobre* hace referencia literalmente a la falta de recursos materiales o dinero y *un muy pobre país* pone el énfasis en que la pobreza es extrema; f. *Nuevo automóvil* hace referencia a que está usado, pero para él es nuevo y *un automóvil nuevo* indicaría que no está usado; g. *Un viejo conocido* expresa que lo conocen desde hace mucho tiempo y *un conocido viejo* indicaría que esa persona es de edad avanzada; h. *Una teoría cierta* es una teoría verdadera y comprobable y *cierta teoría* se refiere a una teoría cuya naturaleza no se quiere o no se puede precisar; i. *Una vida simple* es una vida modesta y tranquila y una *simple vida* hace referencia a algo que se considera poco valioso; j. *Por pura afición* significa que lo hace simplemente por afición y una *afición pura* sería una afición que no tiene imperfecciones.

8. La innovación tecnológica *y científica* es el motor que impulsa los avances en diversos campos. En la actualidad, la tecnología *punta* permite realizar descubrimientos sorprendentes, como la creación de dispositivos médicos que utilizan técnicas *desarrolladas* a partir de investigaciones previas. Para que estos avances sean útiles, es necesario comprobar sus efectos *empíricamente* a través de rigurosos experimentos que demuestren o confirmen una *hipótesis*. Por ejemplo, un nuevo medicamento puede *basarse* en un estudio sobre una enfermedad específica. Una vez aprobado, se convierte en objeto de *estudio* de muchos otros investigadores que buscan maximizar su eficacia y minimizar sus efectos secundarios. En resumen, la combinación de innovación *científica* y el uso adecuado de tecnologías *emergentes* facilita el progreso en áreas como la medicina, la informática y la investigación, lo cual contribuye a un futuro más eficiente y seguro.

TRANSPORTES p. 103

1. a. un tramo; b. tránsito; c. estacionamiento; d. marquesina; e. embotellamiento; f. surtidor; g. de repuesto; h. abono; i. peaje; j. máquina expendedora.

2. a. accidente múltiple; b. carril derecho; c. vagón; d. timón; e. señales de tráfico; f. matrícula; g. multa; h. derrape; i. pinchazo; j. sistema operativo.

3. Infraestructuras de tráfico: glorieta, carril bici, rotonda, acera, semáforo, arcén, paso de cebra. Medios de transporte: trolebús, todoterreno, furgoneta, tranvía, tren de cercanías. Elementos de un vehículo: volante, cuentakilómetros, intermitente, acelerador, retrovisor, embrague.

4. circulaba, fue impactado, se incorporó, respetar, disminuyó, provocó, se produjo, detuvimos, evaluar, avisar, rellenar, retirara/retirarse, arrancaba.

5. 1. d; 2. c; 3. i; 4. f; 5. h; 6. b; 7. e; 8. a; 9. g.

6. a. camarote; b. portaaviones; c. caja negra; d. piloto automático; e. brújula.

7. a. avería; b. remolque; c. conducción; d. reparación; e. adelantamiento; f. derrape; g. estacionamiento; h. infracción; i. naufragio; j. arranque; k. hundimiento; l. circulación.
1. avería; 2. estacionamiento; 3. derrape; 4. conducción; 5. reparación; 6. remolque; 7. adelantamiento; 8. infracción; 9. hundimiento.

8. 1. a. sistema; 2. b. transbordos; 3. a. pantallas; 4. c. conducción; 5. b. algoritmos; 6. c. tecnología.

9. Posibles respuestas. a. 8; b. 1; c. 2, 4, 5; d. 4, 5; e. 1, 2, 3, 7; f. 4; g. 6, 8; h. 4, 5, 7, 8; i. 7; j. 2, 4, 5; k. 2, 3.

10. Errores humanos: b, c, e, f, k; condiciones del vehículo: d, i; factores del entorno: a, g, h, j.

SERIE 1 p. 106

1-B: cuantos. Este relativo equivale a *todos los que. Todos* y *los* son incorrectos.

2-B: cuanto. Igual que en el ítem anterior, este relativo que equivale a *(todo) lo que.* Al tratarse de un antecedente abstracto *(todo),* el relativo debe ser neutro, *lo que; que* y *el que* son incorrectos.

3-C: se produzca. La frase indica que la producción del accidente aún no es un hecho. En estos casos se usa el subjuntivo porque la oración *que… se produzca* es una subordinada que introduce un concepto de expectativa o incertidumbre sobre un futuro evento que se daría si beber y conducir es algo habitual.

4-A: dentro. Es un adverbio que indica un lugar, equivalente a *en el interior. En interior* necesitaría el artículo; *adentro* expresa una dirección, *hacia dentro,* y aquí no tiene sentido.

5-C: Antes de. Es la única posibilidad, pues le sigue un infinitivo. *Ante* es una preposición que no va delante de un infinitivo y *antes* no puede ir seguido de un infinitivo sin *de.*

6-A: tras. Como preposición de tiempo es similar a *después de. Después* necesita la preposición *de* y *detrás* se refiere a la parte posterior de un lugar, no a un tiempo.

7-C: fuera de. Además de usarse para referirnos a la parte exterior de un lugar, *fuera de* se utiliza para indicar una excepción, como en este caso (hablar a gente... con excepción de la comunidad científica = que no pertenece a esta comunidad). *Afuera* puede usarse con verbos de movimiento (= fuera del sitio en el que está) o estado (= en la parte exterior).

8-C: busque/existirán. Las otras opciones son agramaticales por la correlación de tiempos. Además, al expresarse en un pasado de subjuntivo, presentarían una situación (buscar respuestas) que no se ha producido nunca.

9-B: hubieran invertido/tendrían. Se presenta una situación hipotética en la que se especula con la situación actual (*ahora tendrían*) con un pasado distinto al que ocurrió (*hubieran invertido*). Las oraciones condicionales con *si* pueden ser reales (en indicativo) o irreales o imposibles (con imperfecto y pluscuamperfecto de subjuntivo), pero no van con presente o perfecto de subjuntivo.

10-B: en donde. Se trata del adverbio relativo de lugar con la preposición *en.* El relativo *adonde* y el interrogativo *adónde* indican una dirección hacia la que se dirige un movimiento.

11-C: donde. El adverbio relativo *donde* no puede ir con dos preposiciones, por eso no es posible *adonde; que,* tampoco, porque necesitaría el artículo (*hacia el que*).

12- A: Apenas. Este adverbio introduce una oración temporal equivalente a *en cuanto* o *inmediatamente después. Casi,* seguido de un verbo, indica que una acción estuvo a punto de suceder, pero no se produjo, con lo que no tiene sentido aquí. El adjetivo *reciente* no tiene este sentido.

SERIE 2 p. 106

1-B: cada. Este indefinido, aquí, alude a la totalidad de momentos (en cada momento). Podría utilizarse también *cualquier* (ante sustantivo), pero no *cualquiera. Un* no expresa la totalidad, sino una unidad y no tiene sentido en este contexto.

2-A: Algunos. Un sustantivo (*programas*) suele ir acompañado de un determinante (un artículo, un demostrativo…). *Alguno* funciona como un determinante. Con *de* necesitaría un determinante antes del sustantivo (*de los*). *Cualquiera* es un pronombre y no va con sustantivos, sino que los sustituye.

3-A: Ø. *Paciencia* y *dedicación* son sustantivos abstractos e incontables y se habla de ellos de forma general, con lo que el uso de *alguna* o *una* es inadecuado porque que no suelen cuantificarse.

4-B: antes de. La locución *antes de* indica anterioridad. La preposición *ante* expresa un lugar frente a o en presencia de, pero no tiempo. *Primero de* indicaría orden o posición, no anterioridad, por lo que no tiene sentido.

5-C: se necesita. Al ser una construcción impersonal, el verbo va en 3ª persona del singular y con el pronombre *se.*

6-B: de. El verbo *depender* se construye con la preposición *de.* Por ello *desde* y *en* no son posibles.

7-A: midiesen. *A condición de que* va con subjuntivo y aquí se necesita un imperfecto, porque se refiere al pasado. No es posible *midan,* porque es presente, ni *medían,* porque no es subjuntivo.

8-C: hubieran tenido/habrían avanzado. Se trata de una condición hipotética irreal referida al pasado. Las otras dos combinaciones temporales (imperfecto de subjuntivo con imperfecto de subjuntivo o presente de subjuntivo con imperfecto de subjuntivo) son agramaticales.

9-C: de. En las oraciones temporales con *antes de* (y con *después de*), si el sujeto es el mismo, el verbo que sigue al nexo temporal va en infinitivo y, si son distintos, va con *que* y el verbo en subjuntivo. Cuando el término de referencia temporal es un infinitivo (*invertir*), *antes* debe ir seguido de la preposición *de*.

10-A: donde. Se usa el relativo *donde* para indicar un lugar. Se podría utilizar el relativo *que* con el mismo significado, pero tras preposición y siempre con artículo (*en el que*). *Adonde* indica la dirección de un movimiento, no un lugar.

11-B: ante. La preposición *ante* aquí significa *en presencia de* y no una ubicación física concreta como *enfrente de*. *Por* tampoco es posible, porque expresaría causa y no es ese el sentido de la oración.

12-B: Tan pronto como. Esta locución temporal significa *en cuanto*. *Nada más* solo se utiliza con un infinitivo y *así pues* no tiene sentido en esta frase, pues expresa consecuencia, no tiempo.

SERIE 3   p. 107

1-A: suele. *Suele manipularse* es la opción correcta. *Se suele manipularse* no es posible porque se repetiría el pronombre *se*; *suelen* tampoco, porque el sujeto es singular (*variable*).

2-A: Desde que. *Desde que* indica el punto en el tiempo en que comienza una acción o situación. *Apenas*, con el sentido de *en cuanto*, sería válida sin *que* y *casi* no tiene el valor temporal que se busca aquí.

3-B: algunos. Este adjetivo indefinido acompaña al sustantivo *sistemas*, indicando una cantidad imprecisa o no específica. *Parte de* necesitaría un artículo (*los*) y *cualquier* iría con un sustantivo singular (*cualquier sistema*).

4-B: los. Hablamos de *neumáticos* en general, sin relacionarlos con una persona concreta. El uso del posesivo *sus* se refiere a neumáticos pertenecientes a *usted*, por lo que la frase implícitamente se enfoca en la propiedad de los neumáticos, mientras que esta recomendación se centra en la cualidad o condición de los neumáticos en general; *cada* deber ir con un sustantivo en singular (*cada neumático*).

5-C: se acordó. Se usa un pretérito perfecto simple de indicativo porque se está refiriendo a una acción puntual o concreta que ocurrió en el pasado. Las otras opciones van en subjuntivo.

6-B: para. Porque expresa la finalidad de la acción y no la causa (*por*) ni el momento en que ocurre (*al reducir*).

7-C: En cuanto. Equivale a *tan pronto como*. Podría usarse la conjunción *apenas,* pero sin *que*. *Mientras* tampoco es posible, porque no se expresan dos acciones paralelas, sino simultáneas.

8-A: los cuales. Esta forma relativa se utiliza para referirse a un grupo de cosas o personas que han sido mencionadas previamente (ajustes); *cuánto* se utiliza para preguntar por la cantidad o el grado de algo; *los que* necesita un verbo (tienen problemas, funcionan, etc.) para tener sentido.

9-B: cuando. *Cuando* seguido de subjuntivo indica un momento futuro. Con la conjunción condicional *si* no se utiliza nunca un verbo en presente de subjuntivo. *En caso de* necesita el nexo *que* ante un verbo conjugado.

10-C: debería. Se utiliza esta forma verbal para expresar una hipótesis que no se ha cumplido, como es el caso. Es agramatical utilizar el presente o el imperfecto de subjuntivo sin un marcador previo. *Debiese* es una variante de *debiera* y, en muchas ocasiones, se pueden usar indistintamente, excepto cuando indican obligación, como en este caso.

11-B: hubiera. Para indicar una situación condicional hipotética con pocas probabilidades de que ocurra, se usa el imperfecto de subjuntivo en la subordinada condicional. Ni el presente de subjuntivo (*haya*) ni el condicional (*habría*) pueden ir detrás de *si* condicional.

12-C: a la que. La velocidad relacionada con el tiempo se expresa con la preposición *a* (*circular a 60 km/h*, por ejemplo). Ni la preposición *de* ni *en* tienen este valor.

SERIE 4   p. 107

1-C: que de. La partícula *que* introduce el segundo término de la comparación y la preposición *de* acompaña al verbo *hablar,* que se sobreentiende para no repetirlo: *Más que (hablar) de cambio climático…* Las otras opciones son agramaticales para hacer comparaciones.

2-C: ni siquiera. Se utiliza *ni siquiera* cuando enfatizamos la negación de un suceso y aquí da énfasis a esa ausencia (*ni siquiera él*). Aunque es posible el uso del adverbio *tampoco*, no tiene el valor enfático de la frase; *siquiera* varía su significado según el contexto, en este caso es similar a *tan solo*, pero no es negativo, sino afirmativo, por lo que es incorrecto aquí después de *no*.

3-A: siquiera. Aquí equivale a *al menos, como mínimo*; *cuanto menos* se utiliza en expresiones en las que dos elementos de una misma frase están relacionados entre sí, y no es el caso aquí. *Ni siquiera* solo se usaría en una oración negativa: *Ni siquiera ellos estaban informados*.

4-A: Al menos. Es una locución adverbial que significa *como mínimo* o *por lo menos*, e indica una cantidad mínima. *Por menos* y *cuanto menos* introducen una comparación de cantidad, que aquí no tiene sentido.

5-A: Qué. Es un exclamativo que resalta o pondera el sustantivo (*golpe*). *Un* no tendría valor exclamativo y *tal* se usaría para comparar y se necesitaría la segunda parte de la comparación (*tal golpe se dio... que*).

6-A: Dentro de. Esta locución preposicional indica la duración de algo desde el momento presente. *Al cabo de* es otra locución que significa *después de* y se usa para indicar el final o conclusión de algo, o para expresar un resultado final después de un proceso o periodo de tiempo pasado; y la preposición *tras* significa *después de, a continuación de,* aplicado al espacio o al tiempo.

7-C: aprobaran. *Antes de que* necesita un subjuntivo y, como la oración está en pasado, utilizamos el pretérito imperfecto. *Aprueben* se usaría para referirse al futuro y *aprobaron* es un indicativo.

8-C: hagas. Esta oración expresa mandato (*haz copias; te he repetido que hagas copias*), por eso va en presente de subjuntivo. *Hicieras* sería correcto si la frase se refiriera al pasado, pero aquí se refiere al futuro inmediato; *harías* tiene un valor condicional que no es el que se quiere expresar aquí.

9-A: suele. Se utiliza el verbo *haber* como forma impersonal para expresar la existencia y como forma personal para formar tiempos compuestos. En este caso es impersonal (en 3ª singular para mantener la concordancia con la forma impersonal del verbo) y, por tanto, con cualquier perífrasis, como *soler* o *poder*, también es impersonal. *Soler* con un verbo en infinitivo expresa la frecuencia de una acción.

10-A: estar. En esta pasiva, el uso de *estar* indicaría el resultado de algo que hay que hacer (*testar la teoría*) antes de aprobarse y cuyo agente, *por la comunidad científica*, es el complemento. El verbo *tener* se utiliza con oraciones activas. El uso de *haber* no tiene sentido.

11-C: desarrollar. La perífrasis verbal *estar por* seguida de infinitivo indica que algo está pendiente de hacer, por eso ni *desarrollará* (futuro) ni *desarrollando* (gerundio) serían correctos.

12-A: realizar. *Acabar de* es otra perífrasis verbal de infinitivo y expresa que la acción se ha realizado hace muy poco tiempo. Por eso ni *realizando* (gerundio) ni *realizado* (participio) son correctos aquí.

FUNCIONES

SERIE 1   p. 108

1-A: ¿Deberíamos alterar los criterios de búsqueda o, por el contrario, mantenerlos? Esta fórmula se usa para pedir información sobre algo, en este caso, sobre dos alternativas opuestas (si deberíamos alterar o mantener). Con las expresiones *en contra* y *en contraste* no se ofrecen dos ideas opuestas, sino una sola que se opone a algo. *En contra*, además, iría seguido de la preposición *de* y *en contraste*, de la preposición *con*.

2-B: ¿Apruebas que se sigan construyendo centrales nucleares? Es la opción correcta para pedir una opinión. *Asentir* significa decir que sí y *asistir* es estar presente, ir a un lugar. **Tengo clarísimo que** se utiliza para expresar certeza.

3-B: ¿Tienes idea de si recibieron la aprobación para lanzar...? En esta fórmula para pedir información, se pregunta sobre una autorización (*aprobación*) para hacer algo, no si se está de acuerdo o no con algo, *conformidad*, ni si se está en la misma línea de pensamiento, *concurrencia*.

4-A: ¿Cómo es que se retrasaron tantísimo? En esta fórmula usada para pedir explicaciones, lo correcto es *tantísimo,* el superlativo de *tanto*, porque la pregunta se refiere a la cantidad de tiempo de retraso. *Por tanto* presenta una consecuencia y *tantos* cambiaría el sentido de la frase, pues querría decir que muchas personas se han retrasado. **Es indudable que** es una fórmula para expresar certeza.

5-C: ¿A qué viene modificar el protocolo? Se trata de una pregunta retórica para pedir explicaciones, que no espera respuesta, y se utiliza para rechazar una posibilidad. Con la expresión *de qué va* se estaría preguntando sobre el contenido o el motivo de algo (un tema, un libro, una preocupación) y la expresión *a qué va* no existe. **Me parece inaceptable que** es una fórmula que se usa para dar una valoración (*inaceptable*) sobre algo.

6-A: ¿Te opones a que impongan un nuevo límite de velocidad? Con esta fórmula se pide una opinión. *Refutar* significa *contradecir, decir lo contrario*, pero no expresa una opinión favorable o desfavorable sobre algo; *desacordar* está en desuso.

7-A: La falta de señalización en ese cruce es una de las causas de tantos accidentes. Con esta fórmula se informa de algo (de que la ausencia de señalización provoca los accidentes). No tiene sentido hablar de *escasez*, pocas señalizaciones, cuando normalmente una señal indica el peligro. La *privación* siempre se refiere a una persona.

8-C: Resulta vergonzoso que no haya un sistema de control más eficiente. Con esta fórmula se valora un hecho (no haber un sistema de control más eficiente). Con *parecer* se estaría indicando que algo tiene una determinada apariencia o aspecto, pero puede que no sea así. Es incorrecto utilizar *estar* con el adjetivo *vergonzoso,* porque el adjetivo no describe un estado, sino un carácter.

9-A: No me cabe la menor duda de que contarán con lo necesario. Esta expresión se usa cuando queremos indicar la certeza o evidencia de algo. Con *me parece* y *se me ocurre* se expresaría una opinión o idea y no irían con la palabra *duda,* sino con la formulación de la opinión.

SERIE 2   p. 108

1-B: ¿No sabrás cómo se puede solucionar esto? De esta forma preguntamos por el conocimiento de algo. Con *has sabido* no tiene este sentido, y no hay motivo para usar el imperfecto de subjuntivo (*supieras*) al ser una oración principal interrogativa. **¿Verdad que no?** se utiliza para pedir confirmación de lo que se está diciendo.

2-C: No me convence lo de reducir la velocidad. No va a solucionar nada. Usamos esta fórmula para expresar desacuerdo. *Persuadir* y *captar* no tienen esta función y siempre necesitan un sujeto activo que realice la acción.

3-A: ¿Te refieres a que comparten datos personales sin consentimiento? Con esta fórmula pedimos la confirmación de algo que, quizá, no hemos entendido bien. **¡Y qué importa eso!** se usa para expresar indiferencia (eso no importa). *Es* y *realiza* no tendrían este sentido.

4-B: ¿Que la inteligencia artificial hará innecesarios a los profesores? De eso nada. Esta fórmula (*De eso nada*) se emplea para expresar un fuerte desacuerdo. *Por eso* expresaría causa y *con eso* esta frase no tendría sentido.

5-B: Comparto tu idea de que es fundamental invertir en tecnología: ¿a que sí? Esta frase indica que se está de acuerdo con alguien. *Difiero* expresaría desacuerdo y, además, necesitaría la preposición *de*. *Comulgo* tiene un significado similar a compartir la idea, pero tendría que ir seguido de la preposición *con*. **¿A que sí?** Es una fórmula que se utiliza para pedir una confirmación sobre algo que se ha dicho o ha sucedido previamente.

6-C: ¿Tienes noticia de lo que les pasó a esos trenes? En esta fórmula para preguntar por el conocimiento de algo se necesita el pronombre relativo *que* para introducir la subordinada relativa, pues el verbo está conjugado (*pasó*). Las otras opciones irían seguidas de un nombre, no de un verbo conjugado.

7-C: ¿Te has enterado de que van a lanzar un satélite para mejorar la conectividad global de Internet? Con esta fórmula se pregunta por el conocimiento de algo en un contexto en que la persona que pregunta sí tiene esa información. *Has averiguado* se usa en un contexto en el que la persona que pregunta no tiene la información. *Percatarse* significa *darse cuenta clara de algo, tomar conciencia de ello,* pero no significa que tenga ese conocimiento. Por otro lado, necesitaría la preposición *de* (*percatarse de algo*). **¿Sabes lo que contamina eso?** Se utiliza esta fórmula para preguntar por el conocimiento de algo.

8-C: Coincido contigo en que los datos serán clave en muchas disciplinas. Usamos esta fórmula para indicar que estamos de acuerdo con alguien o algo. El verbo *coincidir* va con la preposición *con*. Decimos coincidir en algo con alguien; las otras opciones no tienen sentido.

9-C: ¡Qué más da! Añadir más carriles para descongestionar el tráfico no tiene ni pies ni cabeza. Cuando decimos que algo *no tiene ni pies ni cabeza* expresamos cierta indiferencia ante algo que no tiene sentido, especialmente en esta frase que empieza con **¡qué más da!**, expresión que indica indiferencia ante algo. *Lógica* y *explicación* serían posibles si en lugar de *ni*, apareciera *no*: no tiene lógica, no tiene explicación. La presencia de *ni* hace referencia a una doble negación, por eso solo *ni pies ni cabeza* es posible aquí.

SERIE 3   p. 109

1-B: Me asombra la cantidad de datos que pueden recopilar los móviles. La única opción posible en esta expresión que indica sorpresa o extrañeza es *me asombra*. Las otras opciones, aunque tienen un significado similar, no son posibles porque se necesita el verbo en tercera persona (el sujeto es *la cantidad de datos*) y van en primera persona (*me sorprendo, me pasmo*).

2-B: Tengo mis dudas al respecto. Esta expresión denota escepticismo. *No confío* y *no creo mucho* tienen un significado similar, pero no irían seguidas de *al respecto,* que se refiere al tema sobre el que se tiene dudas.

3-C: No sé qué decirte, pero con la última actualización el sistema de gestión empeoró en lugar de mejorar. Esta es otra forma de expresar escepticismo. La opción correcta es *qué decirte,* puesto que *decir* necesita ir seguido de algo (lo que se dice, en este caso *qué*). *Para decirte* (finalidad) y *al decirte* (tiempo) no podrían ir seguidas de *no sé…*, la frase no tendría sentido. **¡Es alucinante!** se utiliza para indicar sorpresa o extrañeza.

4-C: Estoy enterado de que las células madre pueden regenerar tejidos. De esta manera podemos expresar conocimiento. *Avisado* y *advertido* se usarían en un contexto en que una persona hubiera realizado la acción de avisar y advertir (por eso estaría avisado o advertido de algo), y la frase tendría otro sentido.

5-B: Me deja atónito que aún haya países sin acceso a Internet. Esta es una fórmula usada para expresar sorpresa o extrañeza que causa algo en alguien (*me deja…*). *Absorto* y *ensimismado* se usan para describir a alguien que está completamente concentrado o entregado a algo, ignorando lo que lo rodea.

6-B: Parece mentira que siga habiendo problemas en la seguridad de los datos científicos. Esta expresión denota sorpresa o extrañeza. *Está* no sería correcto, porque no va con sustantivo. *Resulta* tampoco sería posible, porque va con adjetivos, no con sustantivos.

7-B: Tengo conocimiento de que el cambio climático provoca intensas sequías. Usamos esta fórmula (sin artículo) para expresar conocimiento, estar al tanto de algo. *Convencimiento* necesitaría el artículo (el convencimiento) y expresaría certeza sobre algo (*tener el convencimiento de algo*); con *miedo* se expresaría temor y necesitaría un subjuntivo (*tener miedo de que algo cause algo*).

8-C: La explicación que dieron no me convenció del todo. Se usa esta fórmula para expresar escepticismo. *Explicaron* no sería posible, pues no hay un sujeto en tercera persona del plural y *razonó*, tampoco, pues no hay un sujeto en primera persona del singular. El sujeto de *convenció* es *la explicación que dieron*, por eso, el verbo ha de ir en tercera persona del singular.

9-A: No tengo ni la más remota idea de cómo sucedió. Se emplea esta fórmula cuando se habla del desconocimiento y significa *no tener la más mínima noción o conocimiento sobre algo*. Se usa para expresar que no se sabe nada o casi nada sobre un tema, situación o persona. Con los otros adjetivos sería posible, pero no se utilizan en esta expresión hecha. **Lo ignoro completamente** expresa que algo no se conoce y va reforzada con el adverbio *completamente*, es decir, totalmente, absolutamente.

CORRECCIÓN DE ERRORES   p. 109

a. Se *han creado* muchos bots para manipular la opinión pública a su favor. Bots va en plural y es el sujeto, por eso se necesita el verbo en tercera persona del plural. *Manipular* y *manejar* son sinónimos, que hacen referencia al uso de las manos o cualquier instrumento, sin embargo, *manipular* incluye también la intervención en algo de manera hábil con el objetivo de cambiar el curso de los acontecimientos o la verdad y este es el sentido de la frase.

b. Nuestra línea de *investigación* sobre el impacto *de* las tecnologías emergentes es multidisciplinar. La *experimentación* es un método dentro de la investigación que implica la manipulación de algo y observar sus efectos. La *investigación* busca descubrir algo, y este es el sentido de la frase. *Desde* se usa para indicar un punto de partida o procedencia; *de* indicaría la relación de la causa entre las tecnologías emergentes y el impacto que generan.

c. Están realizando *muchos experimentos* para *verificar* esas hipótesis. *Experiencias* son hechos, situaciones o vivencias subjetivas que dejan algún tipo de aprendizaje o impacto. *Experimentos* son procedimientos o investigaciones controladas con el fin de probar una hipótesis y, al estar en un contextos científico, sería la opción adecuada. *Verificar* es un proceso interno que asegura que algo cumple con los requisitos y especificaciones necesarios; *validar* es un proceso externo para evaluar que cumple con las necesidades y expectativas que se necesitan.

d. Ha explotado un camión que *transportaba* productos químicos *por* la autopista. Los vehículos *transportan* (mueven físicamente algo de un sitio a otro), no *transfieren*, que se usa con un sentido más abstracto (datos, información, dinero, etc.). La preposición *por* expresa el medio a través del que se desplaza; la preposición *a* indicaría dirección hacia la cual se dirige.

e. El sistema decimal utiliza diez *dígitos*. Un *número* es la expresión de una cantidad, una palabra abstracta y muy amplia. Aquí se necesita la palabra *dígitos*, como sinónimo de símbolos, caracteres, con los que se pueden construir los números.

f. Un *buscador* es un sistema informático que encuentra archivos *almacenados* en servidores web. Un *navegador* es un *software* que te permite ver páginas web y un *buscador* es una herramienta web que te ayuda a encontrar páginas web. *Apilados* se refiere a una organización física y desordenada de los archivos y no se usa en contextos informáticos, lo correcto es *almacenados*, es decir, organizados de manera estructurada en carpetas o directorios.

g. El oxígeno es un *elemento* químico indispensable para la vida. Un *conjunto químico* está formado por la unión de dos o más elementos diferentes mediante enlaces químicos, pero el oxígeno es un *elemento*: una sustancia básica que no se puede descomponer en sustancias más simples.

h. En cualquier investigación hay que verificar los *resultados* experimentales/*empíricos*. *Conocimientos* se refiere a información general o principios adquiridos a través del aprendizaje, mientras que en una investigación se verifican los resultados experimentales o empíricos, es decir, aquellos obtenidos mediante experimentos o procesos de observación e investigación.

i. Voy a tener que *mudarme* a otra zona de la ciudad, porque aquí los alquileres *suben* cada día. *Cambiar* podría ser correcto si fuera con el pronombre (cambiarme) aunque lo más apropiado en este contexto es *mudarse* (ir a vivir a otro lugar). *Elevar* significa levantar o mover hacia arriba y tiene un sentido físico, mientras que *subir* es un verbo más general y se refiere a la acción de moverse hacia arriba o de aumentar algo, en este caso el precio.

j. Los primeros filósofos griegos *fueron* la base del *pensamiento* racional y *lógico*. *Habrán sido* es futuro y aquí se está hablando de los filósofos de la antigua Grecia, por eso se necesita un pasado. *El pensar* se refiere al proceso mental físico de reflexionar, analizar o formar ideas, pero aquí necesitamos la palabra *pensamiento* como sustantivo abstracto. *Logical* es un anglicismo, lo correcto en español es *lógico*.

USO DE PREPOSICIONES   p. 109

a. **a través del** túnel y **sin** encender las luces; b. **por** sus méritos; c. chocó **con** un árbol; d. el impacto **de** la contaminación **en** la salud pública; e. **En** consecuencia, se llevó a cabo; f. **a** consecuencia de; g. contacto **con** sus familias **por** videoconferencia; h. **Entre** ellos; no hay sonido **en** el espacio; i. **Por** lo que sé; j. manipula la materia **para** crear nuevas estructuras.

PRUEBA 1. Comprensión de lectura y uso de la lengua

Tarea 1, pp. 110-111

1-B: El precio [...], teniendo en cuenta las características del vehículo, el estado, la antigüedad; **2-C:** [...] haciéndose este último (el comprador) responsable desde la fecha del presente documento de cuantas cuestiones pudieran derivarse del uso o posesión del mismo; **3-A:** El beneficiario de esta garantía es el comprador y usuario final del vehículo mencionado; **4-B:** Esta reparación se ajustará a las siguientes reglas: 1..., 2..., 3..., 4...; **5-B:** [...] podrá exigir a su criterio la rebaja proporcional del precio del automóvil; **6-A:** Será responsabilidad única y exclusiva por la parte compradora, que [...] el mismo esté provisto del correspondiente seguro para circular.

Tarea 2, pp. 112-113

7-D: Pero lo más asombroso es que muchos de esos avances tecnológicos...; **8-B:** El primer indicio que tenemos de ellos en el cine...; **9-E:** La integración de pantallas táctiles...; **10-G:** Desde aplicaciones de mensajería instantánea hasta redes sociales...; **11-F:** Gracias a los avances tecnológicos...; **12-A:** Debemos asegurarnos de utilizar estas herramientas de manera responsable...

Tarea 3, pp. 114-115

13-C: [...] tiene sentido dedicar tiempo a considerar lo que queremos que hagan estos sistemas y asegurarnos de que abordamos las cuestiones éticas [...] pensando en el bien común de la humanidad. Solo porque podamos, no significa que debamos; **14-C:** La IA es un gran ejemplo de un espacio en el que podemos construir lo que queramos; **15-B:** [...] la IA no tiene ninguna conciencia en sí misma [...] y, por supuesto, tampoco tiene empatía, algo fundamental en la ética, por lo que la única brújula moral que tiene es la del desarrollador; **16-B:** [...] pero en algún punto de ese proceso ambos bots crearon su propio lenguaje para comunicarse entre ellos; **17-B:** [...] la IA depende de su desarrollador para ser orientada y entrenada tomando en cuenta sus principios éticos; **18-A:** Es importante considerar la ética no solamente en los proyectos de IA, sino también en cualquier innovación en tecnologías.

Tarea 4, pp. 116-117

19-E: [...] no es una novela de misterio ni de amor, tampoco es una novela de desamor; **20-C:** [...] permite a los científicos y no científicos por igual; **21-A:** [...] exploramos de la mano de los personajes de Conan Doyle los grandes descubrimientos de la física; **22-F:** [...] demostrar científicamente cómo la felicidad se transmite a través de estímulos que producen descargas en nuestro cerebro; **23-B:** [...]

para ayudar a los niños a averiguar por ellos mismos cómo funciona el mundo; **24-D:** [...] se abre una ventana hacia la forma en que se crean los pensamientos desde el recuerdo de las experiencias; **25-B:** [...] un libro lleno de experimentos tan divertidos que puede que los niños no se den cuenta de lo mucho que están aprendiendo; **26-C:** [...] ilustrado con casi mil reproducciones originales.

Tarea 5, pp. 118-119

27-B: *Dar un salto* = realizar un gran progreso; **28-C:** Se usa el presente porque nos referimos a formas de vida que sabemos que no existen ahora; **29-A:** Se usa el pretérito perfecto simple porque hablamos de un momento concreto del pasado, la Guerra Fría; **30-B:** *Escaparates* = lugares donde se muestra algo (el espacio es el lugar donde las naciones pueden exhibir su poder); **31-A:** *Se ha propuesto* = ha determinado, tiene el propósito de hacer algo. Tanto *decidirse* como *determinarse* irían seguidos de la preposición *a*; **32-C:** *Están interesados* = se interesan. *Tienen* debería ir seguido de un sustantivo (tienen interés). *Son interesados* (que obran o actúan en su propio beneficio) no tiene sentido aquí; **33-B:** *Tripulada* = con personas para su maniobra y servicio. Este verbo se usa con transportes como aeronaves, embarcaciones o trenes; **34-A:** Para expresar la distancia se utiliza *estar a*; **35-C:** El verbo *ser* se utiliza para definir o identificar algo, en este caso la Antártica. *Estar* no puede ir seguido de un sustantivo; **36-C:** *Hostil* = desfavorable y adverso; **37-B:** Se usa el condicional para hablar de probabilidad o hipótesis, como en este contexto; **38-A:** *Bajo* es una preposición = *debajo de; abajo* indica lugar situado en un plano inferior sin especificar cuál; **39-B:** *Cuyo* es un pronombre relativo para mostrar posesión (el origen del amoníaco); **40-A:** *Se hizo realidad* = se consiguió, se logró.

PRUEBA 2. Comprensión auditiva y uso de la lengua

Pista 16. Tarea 1, p. 120
1-A: Por miedo al contagio, a la salud o por mero entretenimiento, lo cierto es que muchas más personas optaron por caminar para realizar los trayectos que antes hacían en coche; **2-C:** Uno de los factores determinantes de este cambio es el envejecimiento de la población [...]. Y los mayores fundamentalmente caminan; **3-E:** [...] el 55 % de la población mundial vive en un entorno urbano [...]. En 2050, llegará al 70 %; **4-H:** [...] todo indica que el futuro reserva menos espacio para el vehículo particular; **5-I:** [...] la tecnología ofrecerá multitud de opciones para moverse en ciudades inteligentes que gestionarán vehículos y espacios de forma eficiente; **6-J:** [...] diferentes empresas [...] operan en ciudades como [...], proporcionando a sus usuarios acceso a un coche eléctrico 24 horas al día, siete días a la semana.

Pista 17. Tarea 2, p. 121
7-B: [...] para hacer un traslado de línea telefónica [...] necesito usar Internet en casa por el trabajo [...] le pedirán [...] el domicilio actual y el nuevo domicilio; **8-A:** [...] le informarán sobre las ofertas actuales; **9-C:** [...] los tranvías no tienen vibraciones, son veloces, silenciosos, cómodos; **10-B:** Venga, ¿quieres participar?; **11-A:** Porque vivo en una ciudad [...] no sé cómo podría vivir sin contaminar; **12-C:** [...] cada uno de nosotros es responsable del mundo en el que vive; **13-C:** [...] en principio no hay límite; **14-A:** [...] creo que tampoco es el caso.

Pista 18. Tarea 3, p. 122
15-C: [...] podríamos aumentar la red de metro; **16-B:** [...] no puedes pretender que la bicicleta cumpla un papel relevante; **17-A:** [...] el problema está en los sectores rurales que están más aislados y requieren una conectividad que hoy en día no existe; **18-C:** [...] sin ellas Santiago probablemente no funcionaría como lo hace hoy en día; **19-C:** [...] el tema es el diseño, [...] pero dadas las particularidades del trazado, no se puede pretender que vaya a dieciocho metros de profundidad; **20-A:** Primero que todo se necesita información de calidad.

Pista 19. Tarea 4, p. 123
21-A: En este contexto, y por el tono, las expresiones *menuda* y *ser un golazo* = que gusta mucho, que es fantástica, estupenda; **22-B:** Por el contexto se entiende que la emoción es positiva; **23-C:** El tono al decir: «Tiene unas ideas...» expresa que la persona que habla no comparte esas ideas; **24-A:** La ironía se crea por decir lo contrario a lo que se piensa; **25-A:** La expresión *¡Y que lo digas!* significa que está

de acuerdo; **26-B:** El comentario denota censura, decepción a lo publicado por el catedrático después de tanto estudio; **27-A:** *Anda que... ya podrían* indica que la persona que habla desea que las cosas fueran de otra manera; **28-C:** viento en popa; **29-A:** Es que a mí *esto de hablar así* indica censura, crítica; **30-B:** *¡Ya está bien! ¡Hasta aquí hemos llegado!* expresan irritación, enojo, que la persona ya no aguanta más la situación.

EXAMEN 5. Manifestaciones artísticas

LÉXICO

MANIFESTACIONES ARTÍSTICAS   p. 132
1. a. arquitectura; b. circo; c. danza; d. dibujo; e. dramaturgia; f. música; g. pintura; h. escultura; i. narrativa; j. fotografía; k. poesía; l. teatro.
2. Posibles respuestas. música y danza: percusión, sonoro, solista, balada, cuarteto, recital; arquitectura, pintura y escultura: arte figurativo, boceto, fresco, tasación, escayola, tapiz; literatura: edición, dedicatoria, crónica, trama, escena; fotografía: mate, contraste, desenfocada, brillo, borrosa; cine y teatro: proyección, butaca, edición, sonoro, gala, debutar, escena, interpretación.
3. Posibles respuestas. a. abstracción: conceptualización/concreción; b. simbolismo: alegoría/literalidad; c. expresionismo: subjetividad/impresionismo; d. transgresión: infracción/acatamiento.
4. a. 4; b. 3; c. 9; d. 8; e. 1; f. 5; g. 10; h. 6; i. 7; j. 2.
a. grabados; b. doblaje; c. esculpiendo; d. pinacoteca; e. interpretar; f. mural; g. sonata; h. compás; i. subasta; j. galería.
5. a. belleza; b. innovación; c. representación; d. manifestación; e. creación; f. simbolismo; g. escénico; h. intangible; i. inventiva; j. gestor de exposiciones.
6. a. *magistral. Fenomenal* sería posible, pero la expresión adecuada es *magistral* (hecho con maestría); b. *performance. Expresión* y *muestra* no tienen el sentido de interpretación improvisada y en contacto directo con el espectador; c. La expresión adecuada es *puesta en escena* (aquello que se muestra sobre el escenario o en pantalla de acuerdo con la intención del director); d. La *reputación* es la fama o el prestigio de algo o alguien; e. Se habla de *corrientes o movimientos artísticos* cuando nos referimos a los estilos que comparten características estéticas, temáticas o filosóficas durante un periodo determinado; f. *Obra musical*, es decir una composición original, la música y letra, creadas por un artista o compositor; la *crónica musical* es una pieza escrita que analiza y describe un evento musical; g. la expresión adecuada es *éxito rotundo* (que no deja lugar a dudas); el *clamor* es el grito dado con vigor y esfuerzo y no es este el sentido de la frase; h. Para hablar de cine, se utiliza el término *festival*; el *recital* es la lectura o recitación de composiciones literarias o un concierto compuesto de varias obras ejecutadas por un solo artista con un solo instrumento; i. arte; j. Un *creativo* genera nuevas ideas, mientras que un *creador* las lleva a la práctica y las materializa.
7. 1. b. *tecnología*, ya que es una disciplina como el arte; 2. a. *creación.* El presente no se genera ni se elabora, se crea; 3. c. *medios,* canales o formas de expresión y comunicación. El contexto indica que *soportes* o *apoyos* no son los términos requeridos aquí; 4. c. *representado,* que se muestra o se refleja; 5. a. *pioneras. Pionero* hace referencia a lo que abre nuevos caminos; *precursor* es aquello que precede a algo, lo anuncia o lo prepara; *iniciador* sería la primera persona que detecta una necesidad o plantea el deseo de adquirir un producto y plantea la posibilidad; 6. b. *auge.* El contexto parece referirse a la trayectoria de algo hasta su mejor momento (auge = momento de mayor popularidad); *desarrollo* no tendría sentido, porque los festivales de arte digital están empezando; 7. c. *aumentada,* combinando elementos del mundo real con componentes digitales interactivos; 8. a. La *corriente* se refiere a un movimiento (el arte contemporáneo); la *inercia* hace referencia a la propiedad que tienen los objetos de resistirse a cambiar su estado de movimiento; 9. b. *trasfondo,* conjunto de eventos, condiciones y circunstancias que influyen en una época determinada; 10. c. *tangencial,* sin abordar el tema en profundidad.
8. a. surrealismo; b. sinfonías; c. autorretrato; d. *performances*; e. expresionismo; f. literatura contemporánea; g. teatro experimental; h. fotografía; i. cubismo; j. grafismo.
9. a. asió; b. escogieron; c. tomar; d. agarró; e. contrajo; f. captar; g. recibió; h. entiendo; i. capturar; j. pillaron.
10. a. 5; b. 2; c. 1; d. 4; e. 3. a. escogió; b. recogió; c. sobrecogió; d. encogen; e. acoge.

1-C: enfrente. *Enfrente de* es una locución adverbial, que significa *en la parte opuesta; la frente* es la parte superior de la cara y *en el frente,* cuando se refiere a una ubicación, significa *en la parte anterior de algo* (la parte frontal de una casa, el frente de un coche, por ejemplo).

2-A: los. El artículo va en plural, porque hablamos de un grupo de individuos que comparten el mismo apellido, aunque este puede ir en singular (los Habsburgo, los Borbón…) o en plural (los Borbones…); *el* se refiere a un sustantivo en singular; sin artículo tampoco es correcto, pues parecería que *Borgia* es un nombre propio.

3-C: estándares. Es el plural de *estándar*, que es como se ha españolizado esta voz inglesa, adaptando su grafía. *Standars* sería el plural del inglés y *estándars* no existe.

4-A: celos. En plural significa *envidia*. En singular, *celo* se refiere, entre otras cosas, al interés o afán por algo, por lo que no sirve en este contexto; una *celosía* es un elemento arquitectónico decorativo propio de ventanas o balcones que impide ser visto desde fuera.

5-C: El ser. Los infinitivos precedidos de artículo determinado funcionan como sustantivos, es decir, pueden actuar como sujeto, objeto, o cualquier otra función que normalmente desempeñan los sustantivos. En este caso, se ha utilizado para indicar el origen o la procedencia. Podría decirse *el hecho de ser de otro país*, pero no *el hecho de otro país* ni *la venida de otro país*.

6-B: perla. El color perla es un color gris claro con un matiz suave, similar al de algunas perlas y se usa comúnmente en moda, diseño, decoración y arte. Las *esmeraldas* son de color verde y el *terciopelo* es un tipo de tejido que puede ser de diferentes colores.

7-A: familiar. Es la correcta aquí porque una *empresa familiar* es aquella en la que una familia tiene un control significativo sobre la propiedad o la gestión. *Empresa mixta* sería aquella que combina la participación del gobierno y de inversores privados en su propiedad y administración y *empresa social* sería aquella que tiene un impacto positivo en el medioambiente o en la sociedad y, a la vez, resulta rentable como negocio.

8-B: Emocionada. Es la única opción posible aquí, porque *acompasada* se utiliza para describir sonidos, movimiento o acciones e *influida* no tiene sentido si no se indica por qué o quién.

9-A: mínimos. Significa que los efectos, logros o beneficios obtenidos son escasos. Podríamos decir que los resultados son *pocos; pequeños* indica tamaño y *minuciosos* es sinónimo de meticulosos, detallistas.

10-B: como para. Se usa para expresar una idea de que algo, una acción, por ejemplo, es suficiente o no, como en este caso, para conseguir un efecto o resultado. *En cuanto* (= tan pronto como) y *en tanto* (entretanto) no van con infinitivo; *entretanto* se escribe entre comas.

11-C: variar. Esta expresión coloquial está formada por la preposición *para* seguida de infinitivo, ya que la preposición no puede ir seguida de un gerundio o un verbo en forma personal.

12-C: Con el fin de que. *Con vistas* necesitaría la preposición *a* y *como* expresa modo o condición (en este caso iría con subjuntivo), pero aquí no tendría sentido, ya que se quiere expresar finalidad.

1-B: el. En este contexto, *orden* se refiere a un conjunto o sistema organizado de principios, ideas o valores y no a una instrucción o mandato (*la orden*). No va con el artículo indeterminado, porque no se habla de un orden cualquiera, sino de un conjunto específico y definido de normas y valores.

2-C: una tal. Se utiliza esta expresión para hacer referencia a una persona cuyo nombre o identidad no se considera relevante o se desconoce. Tiene cierta connotación de desdén. El relativo *la cual* debería llevar delante un antecedente expreso (por ejemplo, *a la inauguración asistió María Fernández, la cual…*). *Tal cual* no es posible aquí, porque significa *exactamente*.

3-A: carnés. Es el plural de *carnet* o *carné*. El plural *carnetes* no está admitido y el singular *carné* no se puede usar aquí.

4-A: Un. *Un Picasso* significa *un cuadro u obra de Picasso*. Cuando usamos un artículo o un posesivo delante del nombre de un artista, tiene un uso metonímico, es decir, el nombre del artista representa una obra suya. *Lo de* se usa para expresar asunto o tema relacionado con; *Aquello* es un pronombre neutro y no puede ir con el sustantivo.

5-C: un encanto. En las oraciones con *ser,* se utiliza un adjetivo o un sustantivo. Al indicarse el complemento (*de persona*), se necesita un sustantivo (*encanto*). Las otras dos opciones son adjetivos. *Un encanto de persona* quiere decir una persona con las cualidades que la hacen atractiva para los demás.

6-C: como para expulsarlo. *Como para expulsarlo* indica que la acción que ha tenido lugar es suficientemente significativa como para hacer algo (expulsarlo), es decir, está justificado. *Es expulsión* no tendría ese matiz; *como expulsarlo* indicaría que ese comportamiento es similar a expulsarlo y no es ese el sentido.

7-C: amabilísimo. El grado superlativo de los adjetivos en *-ble* se forma con *-bilísimo*; *amablísimo* no existe y a *amabilisimo* le falta la tilde.

8-A: te enteres. Las oraciones finales con *para* pueden ir con infinitivo o subjuntivo. Por eso, ni *estás enterado* ni *entiendes* son posibles, porque van en indicativo.

9-C: evitara. *Con el fin de que* solo puede ir en imperfecto de subjuntivo si se refiere a una acción pasada, como en este caso, por eso es la única opción posible.

10-B: me molesto. En esta pregunta se expresa una reflexión o pregunta retórica, de ahí el uso del indicativo. En las oraciones finales interrogativas, el verbo no va en subjuntivo, por eso las otras dos opciones son incorrectas.

11-C: Con ánimo de. Aquí se está expresando una intención o propósito. *En vista de* iría seguida de la conjunción *que* y con un verbo conjugado; *como finalidad de* es incorrecta, porque le falta un artículo (*con la finalidad de*).

12-A: para dar y tomar. Esta expresión coloquial indica que hay una gran cantidad de algo o que es muy abundante. Las otras opciones no son fórmulas fijas con este significado y aquí no tienen sentido.

SERIE 3   p. 137

1-B: Los. Escipión era el apellido de un general y político romano. Cuando se habla de una familia o grupo que comparte el mismo apellido, se puede utilizar este precedido del artículo determinado en plural, aunque el apellido puede ir en singular (los Borbón, los Escipión…) o en plural (los Borbones, los Escipiones…).

2-C: alicates. Los nombres que designan realidades compuestas de dos partes simétricas que forman una unidad, como *gafas* o *tijeras*, alternan el uso del singular y del plural, pero el plural es más frecuente. *Un alicate* (con artículo indeterminado) sería posible si el objetivo fuera designar una única herramienta. *Pinzado* sería el participio del verbo *pinzar*.

3-A: Los restos. Se refiere al cuerpo de un fallecido y se utiliza como sinónimo de *cadáver*. *Restantes* se utiliza para indicar lo que queda de algo que aún existe o es parte de algo mayor; *el resto* se utiliza para indicar lo que queda de algo que ha sido destruido o ha desaparecido.

4-A: El que. *Lo de* se puede usar para referirse a un asunto o tema específico y suele ir con un infinitivo, un sustantivo, etc. (lo de Ernesto, lo de hacer fiesta, lo de ayer); cuando va con un verbo conjugado, necesita *que* (lo de que no me hayas dicho…), con lo que aquí no es correcto; *lo que* se trata del pronombre relativo acompañado del artículo neutro e iría con un verbo. Con *el que* (= el hecho de que) la frase *no me hayas dicho* se convierte en un sustantivo.

5-C: el lío de siempre. Esta expresión coloquial se usa para hablar de un problema, situación caótica o conflicto que se repite habitualmente; el adjetivo *sempiterno* significa *eterno*, *interminable*, pero no se utiliza en esta expresión; *siempre* es un adverbio y no un adjetivo que pueda acompañar y modificar directamente al sustantivo.

6-A: un. *Un Dalí* significa *un cuadro u obra de Dalí*. Un artículo o un posesivo delante del nombre de un artista tiene un uso metonímico por el que el nombre del artista representa una obra suya. Con la preposición *a* entenderíamos que tiene al pintor en persona en su salón y sin artículo sería incorrecto sintácticamente.

7-C: botella. El *verde botella* es un tono de verde profundo y oscuro, que se asemeja al color de las botellas de vidrio. Aunque *la menta* y *la albahaca* son verdes, no se suelen utilizar para nombrar tonos de verde.

8-A: buena. No necesitamos un comparativo (*mejor*), porque no se ha establecido ninguna comparación, ni un adverbio (*bien*) que modifique un verbo u otro adjetivo, sino un adjetivo que concuerde con el sustantivo.

9-B: pésima. Tanto *pésima* como *paupérrima* se usan para describir algo muy malo o de muy baja calidad, pero *paupérrima* se usa a menudo para indicar extrema pobreza o indigencia, mientras que *pésimo* puede referirse a algo malo en general. Algo *reprobable* es algo digno de desaprobación.

10-C: sepas. *Para que*, como el resto de los nexos finales con *que*, va con subjuntivo. Por eso *sabrías* y *sabes* no son posibles.

11-A: llevar. La preposición *para* con un infinitivo puede introducir una oración concesiva (*aunque*), es decir, a pesar de la dificultades y del poco tiempo que lleva, no le ha ido mal (le ha ido bien = ha alcanzado las expectativas). Las otras opciones no son posibles aquí, porque son verbos conjugados.

12-C: con idea de. Significa *con el propósito de* o *con la intención de* e indica la finalidad de una acción. Las otras alternativas serían posibles formuladas así: *con vistas a* y *con el propósito de. A propósito de* se usa para introducir algo que tiene relación con lo que se ha mencionado antes (*respecto a*).

SERIE 4   p. 137

1-B: mitin. Esta voz inglesa se ha adaptado así a la grafía española. Las otras dos opciones no existen.

2-A: unas pinzas. Por el significado, es la única opción posible. *Tenazas* y *llaves* son herramientas que se usan para sujetar fuertemente una cosa, con lo que no tiene sentido en esta frase, ya que lo que se necesita es un instrumento más adecuado para un trabajo delicado.

3-A: Para. En este contexto, *para* seguido de adjetivo se usa para justificar una afirmación inmediatamente posterior (la controversia que ha generado la nueva instalación…). *De* con infinitivo tiene un valor condicional y *por*, un valor causal, pero no son adecuadas en este contexto.

4-B: lo. El neutro *lo* puede formar parte de expresiones adverbiales de tiempo y se usan para indicar brevedad, como en este caso. *Lo antes que puedas* es una expresión coloquial que indica urgencia y significa *lo antes posible, tan pronto como sea posible, cuanto antes*. El artículo masculino *el* no puede ir ante un adverbio (*antes*). Puede decirse también *cuanto antes*, pero no *cuanto antes que puedas*.

5-C: familiar. Significa que te resulta conocida o que has visto antes. *Hogareña* significaría *relativa al hogar* o *amante de la vida familiar* y no se dice de una cara. Tampoco *consabida*, que es algo *habitual, característico, acostumbrado*.

6-A: raras. Indica que algo ocurre de manera excepcional o poco habitual, muy pocas veces. El adjetivo *peculiar* significa *característico*; *exótico* se utiliza para hablar de algo que es extraño o extravagante. Ninguno de los dos tiene sentido en la frase.

7-B: óptima. Es el superlativo de *bueno. Superior* se refiere a una posición o calidad que es mayor que otra, es un comparativo; el superlativo *supremo* (*altísimo, enorme*) indica el grado máximo de algo.

8-A: afluencia. Aquí se refiere a la gran cantidad de personas que llegan o se concentran en un lugar determinado en un momento dado. *Abundancia* se usa para referirse a cosas materiales o cuantificables (como alimentos, recursos o cosas tangibles) por lo que no iría con *público. Influencia* tiene un significado distinto: acción y efecto de influir.

9-C: informe. Con *para que* el verbo va en subjuntivo, en este caso presente, ya que nos referimos al futuro. Por ello no son correctos ni el infinitivo (*informar*) ni el pretérito imperfecto de subjuntivo (*informara*).

10-C: dejen. De nuevo se trata de una subordinada final con el verbo en presente de subjuntivo. No se puede usar aquí ni el presente de indicativo (*dejan*) ni el condicional (*dejarían*).

11-B: fomentar. En oraciones subordinadas finales, cuando el sujeto es el mismo en las dos oraciones, se utiliza el infinitivo y no aparece la conjunción *que*. Para usar *que fomente* se necesitaría un sujeto diferente y con el sustantivo *fomento* se necesitaría el artículo.

12-A: Con el propósito de. Indica la finalidad de una acción o decisión y va con infinitivo. Otras opciones posibles serían *con la idea de* o *con vistas a*.

FUNCIONES

SERIE 1   p. 138

1-A: Si me dan a elegir, prefiero… *Dar a elegir* es la opción correcta en esta fórmula usada para expresar preferencias. Con *hacen* no iría la preposición *a* e indicaría la obligación sin tener la posibilidad de elegir o expresar una preferencia. *Llevar* no se usa como fórmula con este sentido.

2-B: ¿Os agrada la música…? *Agradar* funciona como el verbo *gustar*, por lo que es la única opción posible aquí y se usa para preguntar por gustos o intereses. *Soportar* se usa para referirse a algo negativo y el sentido de la pregunta sería si la música los soporta a ellos, cosa que no tiene lógica; *aconsejar* tendría un sentido diferente al que se quiere expresar.

3-A: ¿Optas por un concierto o por una obra de teatro? *Optar* es la opción correcta en esta fórmula usada para preguntar por preferencias, debido a la presencia de la preposición *por; elegir* no lleva *por* y *decantar* necesita un pronombre (*decantarse* por algo).

4-C: Al final se quedaron con la cinta que ganó el Óscar. Solo esta opción para expresar preferencias es la correcta (*quedarse con algo*). *Elegir* y *seleccionar* no van con el pronombre *se*.

5-B: No cambio una noche en la ópera por nada del mundo. *No cambiar… por nada del mundo* es una fórmula usada para expresar una preferencia (prefiero esto a ninguna otra cosa). El uso de la preposición *a* sería incorrecto sintácticamente; el uso de *como* no tendría sentido.

6-B: Adoro las películas de José Luis Cuerda. Esta es la opción correcta en esta fórmula para hablar de gustos. *Adorar* implica sentir un profundo amor y admiración por algo o alguien; *Estimar* no tiene un sentido tan intenso y significa *tener afecto, consideración y aprecio por alguien o algo*; *apreciar* se enfoca en reconocer y valorar las cualidades de alguien o algo. Las opciones a y c se usan más referidas a personas y con el significado de *gustar mucho*.

7-C: Entonces, ¿por cuál te decides…? Esta es una fórmula usada para preguntar por preferencias cuando se duda entre dos o más opciones. *Animar* y *entusiasmar* no expresan esta opción. *Entusiasma*, además, está en tercera persona.

8-C: Cuanto más lo miro, más me gusta. Esta es la única opción posible en esta fórmula para hablar de gustos e intereses. Se utiliza para hacer comparaciones en las que se establece una relación entre dos cosas, en la que el aumento de una implica el aumento de la otra. *Tanto* y *como* se usan solo como segundo término en la comparación.

9-A: ¿Te decides por ir a… o ver…? Esta es la única opción posible para preguntar por preferencias, porque el verbo necesita un pronombre referido a la persona a la que se le pregunta su preferencia, *te* (*tú*).

SERIE 2   p. 138

1-B: ¿Qué desearía ver de esa serie…? Es la opción correcta para preguntar por deseos. *Gustaría* necesitaría el pronombre (*le gustaría*); *soñaría* siempre va con la preposición *con*.

2-A: Se moría de ganas por ver… *Morirse de ganas por hacer algo* es la fórmula para expresar deseos, sentimientos o sensaciones muy intensos o un gran deseo de algo. *Quedarse* va con la preposición *con* (*quedarse con las ganas de*); *irse de ganas* no existe.

3-C: Nos espanta la idea de ir sin guía. Con esta fórmula expresamos aversión. Las otras opciones no tendrían sentido: *anima* tiene un significado positivo y *ofende* no expresa aversión.

4-A: Lo ideal sería que pudiéramos verlos en directo. *Lo ideal sería* se usa para formular deseos. Se utiliza el artículo neutro para sustantivar un adjetivo. Con el artículo masculino *el* se sustantivan verbos en infinitivo, no adjetivos. Sin artículo es agramatical. **Lo veo un poco negro** se utiliza para expresar tristeza o aflicción cuando se tienen pocas esperanzas o se es pesimista ante una situación.

5-B: Que no llueva, por favor. En esta fórmula para expresar deseos se necesita el presente de subjuntivo. Al tratarse de un evento al aire libre, parece que lo adecuado es desear que no llueva. Con el verbo *aparecer* se refiere a una persona o un ser animado y *ocurrir,* a un hecho. En los dos casos, habría que especificar quién (con *aparecer*) o qué evento (con *ocurrir*).

6-A: Aborrezco las películas de terror. Con este verbo expresamos aversión. Los otros dos no son posibles por el significado y porque irían con el pronombre *me* y la preposición *con* (*me emociono con; me conmuevo con*). **Me afectan muchísimo** es una fórmula utilizada para expresar tristeza o aflicción y significa que algo ha causado un gran impacto físico o emocional en alguien, y por eso se siente profundamente afectado.

7-C: Me desagrada la idea de la gratuidad de algunos museos; Detesto ese tipo de iniciativas. Con estas dos fórmulas expresamos aversión hacia algo. *Desagradar* significa *no gustar*; *despreciar* implica falta de consideración o importancia; *abominar* tiene un matiz de intensidad más fuerte que las anteriores (profunda desaprobación o repulsión), con lo que no tendrían sentido aquí. Además, abominar debería ir en primera persona *yo* (abomino) y sin pronombre *me*.

8-B: ¡Quién pudiera asistir…! Esta expresión se utiliza para hablar de deseos imposibles y se construye solo con imperfecto de subjuntivo. No es posible ni el condicional (*podría*) ni el pretérito pluscuamperfecto (*había podido*).

9-A: Me repugna que la mayoría de las salas opten por el cine comercial. Esta es una fórmula usada para expresar aversión. Las otras dos opciones no son correctas, porque no tendría sentido la frase.

SERIE 3   p. 139

1-A: Su última producción me aburrió soberanamente. Para expresar aburrimiento, es frecuente usar esta fórmula, en la que el adverbio *soberanamente* añade un matiz de intensidad (me aburre profundamente, es extremadamente aburrido). Este es el único adverbio posible en esta fórmula usada para expresar aburrimiento. Ni *interminablemente* ni *ilimitadamente* se asocian a expresiones con aburrimiento.

2-B: Tengo en mente participar en una exposición… Se usa esta expresión para hablar de planes e intenciones. *Tener en cabeza* y *tener en idea* serían incorrectas sintácticamente, porque necesitan un artículo (*la*) ya que son sustantivos concretos.

3-C: Me muero de aburrimiento cuando me invitan a esos eventos. Se utiliza para expresar un gran aburrimiento. *Pone* y *agrede*, además de por el significado, no son posibles, porque van en tercera persona y aquí se necesita la primera persona del verbo.

4-A: ¿Tiene algo en proyecto relacionado con…? Se usa esta fórmula para preguntar por planes e intenciones. Las otras no son correctas, pues son sustantivos y necesitarían un artículo (un evento, un programa).

5-C: … se lo pasó de maravilla en la feria. *Pasárselo de maravilla* es la expresión que se usa en este contexto para expresar diversión. Las otras opciones no tendrían sentido. *De cuento* existe como expresión, pero no se usa como fórmula (sí sería posible decir *se lo pasó de fábula*); el adjetivo *increíble* tiene un significado parecido, pero no iría la preposición *de*.

6-A: Me he hecho el firme propósito de aprender… Se usa esta fórmula para hablar de planes e intenciones. *Intención* no es posible, porque es femenino; *plan* no se usa en la fórmula.

7-C: Me parto de risa con este pódcast. *Partirse de risa* es una expresión para hablar de diversión. *Alucinar* no es posible, porque no lleva el pronombre *me*; *cambiar* no tiene sentido aquí.

8-C: Estoy por empezar a estudiar teatro. La perífrasis *estar por* + infinitivo se utiliza para expresar la idea de que alguien está a punto de hacer algo, que tiene la intención de hacer algo, con lo que se utiliza para expresar planes e intenciones. *Estar de* no es correcta y *estar para* tiene otros significados.

9-A: ¡Cómo nos reíamos con aquella comedia! *Reírse con algo* se usa para expresar placer y diversión. Los otros verbos tienen otro sentido. Además, la frase siguiente, *aún nos duele la mandíbula*, se utiliza para indicar que alguien se ha estado riendo durante tiempo. Con *sorprenderse* y *proyectar*, la alusión al dolor de la mandíbula no tendría sentido.

CORRECCIÓN DE ERRORES   p. 139

a. A pesar *de* que los teatros clásicos son populares, la gente *prefiere* espectáculos más interactivos. *A pesar que* no es correcto, se necesita la preposición *de*. La gente, aunque es un nombre colectivo, es singular, por eso el verbo debe ir en singular.

b. Muchos directores *de* cine experimentan con técnicas *para* sorprender a los espectadores. *Cine* es aquí un sustantivo abstracto, se refiere a todo lo relacionado con el mundo cinematográfico y, por lo tanto, no necesita artículo. Al expresarse una finalidad, *sorprender a los espectadores*, debemos usar la preposición *para*.

c. Muchos críticos *de* arte *aseguran* que las obras de arte… *Arte* es un sustantivo abstracto que se refiere a todo lo relacionado con el mundo de la producción artística y, por lo tanto, no necesita artículo. Tampoco está justificada la necesidad del subjuntivo *aseguren*.

d. Los *bailarines* mostraban *tal* destreza… que *desafiaban*… El término para referirse a quien baila profesionalmente es *bailarín* o *bailarina*. En caso de referirnos a quienes bailan flamenco, se usa *bailaor*. La expresión *tal… que* se utiliza para expresar un grado extremo de algo o para introducir una causa que produce una consecuencia. Utilizamos el imperfecto *desafiaban*, porque se está describiendo la acción en el pasado.

e. Varios visitantes *manifestaron* que las obras exhibidas carecían *de* un verdadero… *Manifestar* en el sentido de *afirmar* o de *decir* es un verbo transitivo, no reflexivo, por lo que va sin el pronombre *se*. *Carecer* va seguido de la preposición *de*.

f. Los compositores de bandas *sonoras* trabajan *estrechamente* con el director… No existe la expresión *banda sonante*. *Apretadamente* implica fuerza o presión, y no se emplearía en este contexto, lo correcto es *estrechamente* con el matiz de intimidad, rigurosidad, cercanía o exactitud.

g. El *emotivo* documental presentado ayer logró captar la esencia de la lucha de las personas sin *hogar* en *las* grandes urbes. *Emotivo* es más adecuado que *patético*, pues en este contexto lo que se busca es algo que hace conmover y *patético* significaría *penoso, lamentable o ridículo*. *Sin hogar* implica la falta de un lugar para vivir; *sin casa* se refiere a no tener una casa o propiedad. *Grandes urbes* necesita el artículo *las,* ya que hace referencia a algo específico o conocido.

h. *A lo* largo de los siglos, los artistas *plásticos* han desafiado las normas de su tiempo. La expresión temporal adecuada para hablar de la duración de algo es *a lo largo de*. *Plastificar* es recubrir algo con una lámina de plástico, y aquí no tiene sentido. Lo correcto es *artistas plásticos*, relacionados con las artes visuales.

i. El teatro de vanguardia invita a interactuar con los actores *en* espacios no convencionales, y esto no se comprende *del* todo. La preposición correcta es *en*, pues se refiere al lugar en donde se produce la acción; *del todo* es una locución adverbial que significa *completamente* o *absolutamente*; *de todo* se usa para referirse a una variedad o colección de cosas.

j. El cine *de* autor, muy *criticado por/crítico para* algunos, es difícil *de* entender para el público general. Cine *de* autor, sin artículo, porque no se refiere a uno en concreto; tanto *crítico para* como *criticado por* serían posibles: *crítico* se referiría a que ese tipo de cine hace crítica de algo; *criticado* es el participio pasivo de *criticar* e indicaría que ha sido objeto de crítica e iría acompañado de la preposición *por*, que introduce el sujeto de la pasiva; *para* algunos (= según la opinión de algunos).

USO DE PREPOSICIONES   p. 139

a. se caracteriza **por** tratar… poco abordados **por** las producciones; b. se inspiran **en** las tradiciones… innovar **a** partir de; c. discutieron **sobre** el significado **de** las obras; d. los esfuerzos **de** los cineastas; e. gran influencia **en** la cultura… su capacidad **de** conectar; f. se aleja **de** la rigidez… conectar más **con** la expresión; g. se ajustan **a**… lo que se espera del arte **en** su forma; h. proyectos **en** diferentes espacios… la interacción **con** el público; i. la innovación constante **en** la estética… **para** hacer las películas; j. se enfoca **en** provocar.

PRUEBA 1. Comprensión de lectura y uso de la lengua

Tarea 1, pp. 140-141
1-B: […] el director te orientará explicándote hacia dónde desea encaminar el proyecto y, si no es así, deberías preguntárselo cuanto antes; **2-A:** […] es fundamental que conozcas el contexto de tu escena [...] tu personaje deberá estar conectado física y emocionalmente con ese espacio y tiempo anteriores [...]. La trama evoluciona y los diferentes momentos […] son los que dan dimensión a la escena; **3-B:** […] siempre existirá un conflicto, que es lo que llevará al personaje a hacer lo que hace […]. Ese conflicto hace que tu personaje tenga un motivo para tomar acción […]. Escríbelo […] en las notas de tu guion para recordártelo constantemente; **4-C:** […] se ha de interpretar el texto de una manera […] interesante, encontrar todo aquello que hace al personaje diferente y especial […]. Los buenos actores saben esto bien, y por eso consiguen darle a su personaje una profundidad; **5-A:** Debemos comprender los comportamientos de nuestro personaje, su punto de vista, lo que piensa en su interior, lo que siente y lo que esconde; **6-C:** Estudiarte un guion […] es entenderlo, es buscar todas sus dimensiones […]. Has de asegurarte de que entiendes todo al 100 % […], cómo suenan y fluyen las frases y cuáles son las palabras clave.

Tarea 2, pp. 142-143
7-F: En los principios de la humanidad…; **8-C:** El arte […] era la actividad social por excelencia…; **9-D:** El arte se ha convertido en una actividad separada de la vida…; **10-E:** El arte es una forma de expresión que va cambiando…; **11-A:** Solo tenemos que fijarnos un poco en las larguísimas colas…; **12-B:** La cultura no debe ser creada por una élite iluminada…

Tarea 3, pp. 144-145
13-B: […] (es probable que el impulso natural de bailar haya existido ya en los primeros primates antes de evolucionar en humanos); **14-A:** […] rastros de danzas ya en la época prehistórica, como las pinturas encontradas en […] Bhimbetka (India), con más de 10 000 años de antigüedad; **15-A:** Los primeros movimientos rítmicos […] en aquellas incipientes sociedades […], transmitiendo su legado de generación en generación; **16-C:** Fue en la antigua Grecia […]. Durante este periodo, el baile no solo tenía una connotación popular, sino también artística. […] aparece por primera vez en el teatro en géneros como la comedia y la tragedia; **17-A:** […] la Iglesia se encargó de marginarla del resto de las artes; **18-C:** No fue hasta el Renacimiento cuando se produjo la verdadera revitalización de la historia de este arte (el baile).

Tarea 4, pp. 146-147
19-D: Durante este esfuerzo sin precedentes de nuestro mayor escenario, pasaron por Montevideo las mejores compañías de *ballet* de la región; **20-F:** Con esta exposición se pretendía revalorar la herencia cultural peruana recreando un estilo de vida en artículos contemporáneos para el hogar; **21-A:** Toda esa tradición pictórica la recoge Rosado Muñoz en la muestra; **22-B:** […] llama a este estilo «Superflat» (Superplano), un término utilizado para describir la falta de profundidad perspéctica; **23-E:** […] hago una crítica de cómo percibo estos cambios de realidades que cada vez van con mayor velocidad; **24-C:** […] *Crónica fotográfica de medio siglo de vida española 1925-1975*; **25-A:** La

imagen del cuerpo humano ha sido base, fundamento y motivo de inspiración; **26-D:** [...] con más de 50 bailarines en escena.

Tarea 5, pp. 148-149

27-A: *Donativo* = dádiva con fines benéficos o humanitarios; **28-B:** *Mecenas* = persona que patrocina las letras o las artes; **29-B:** *Obtención.* Un título universitario no se adquiere ni se pide; **30-C:** *Dedicación* = compromiso, uno se dedica a una obra, destina su tiempo y esfuerzo a ella; **31-A:** La idea tiene carácter futuro, *será* (tras mucho trabajo); **32-C:** Un arquitecto diseña, hace los planos de los edificios; **33-A:** *Punto de mira* = centro de atención; **34-B:** *Crónica* = historia en que se observa el orden temporal; **35-A:** *Personajes* = personas distinguidas en la vida pública; **36-C:** *Tejen* = componen; **37-B:** *Relatos* = narraciones; **38-B:** El uso del pasado se debe a que se refiere a situaciones ya pasadas y concretas; **39-C:** *Le valieron* = hicieron que se ganara, le sirvieron para; **40-C:** *Rigor* = propiedad y precisión.

PRUEBA 2. Comprensión auditiva y uso de la lengua

Pista 21. Tarea 1, p. 150

1-A: La música es el motor y el espejo de nuestras emociones; **2-C:** Porque la música llega a nuestro cerebro a través del sistema límbico, que es donde se administran nuestras emociones, y forma parte de nuestro inconsciente, no de nuestro consciente; **3-E:** ¿Qué pasa cuando está sometido a una fuerte tensión emocional? ¿Somos capaces de pensar racionalmente? Pues parece que no, parece que nos cuesta mucho más pensar racionalmente; **4-H:** [...] enfermos de alzhéimer, a los que sentaban a escuchar la misma cantidad de minutos de música agradable como de desagradable. [...] Para trabajar los dos lóbulos de nuestro cerebro; el lóbulo derecho administra las sensaciones agradables y el lóbulo izquierdo las sensaciones desagradables; **5-J:** El lenguaje es un sonido [...], lo procesamos racionalmente. ¿Qué es lo que no procesamos racionalmente? Los tonos de voz; **6-K:** Uno de los sentimientos que puede provocar la música y que todos reconocemos es el de tristeza, a pesar de la belleza de la música.

Pista 22. Tarea 2, p. 151

7-B: [...] también ofrecemos formación de carácter general [...] para todos los que están interesados en recibir una formación musical; **8-C:** [...] No sé [...] Seguramente pasaré por ahí; **9-B:** [...] queríamos saber qué servicios ofrecen ustedes sobre reportajes de boda, qué incluyen, precios, etc.; **10-C:** aparte del vídeo y del álbum tradicional encuadernado con fotografías en papel les enviamos también cien fotografías de gran calidad en formato electrónico; **11-A:** Oye, estaba pensando comprar un cuadro para el salón; **12-B:** [...] (es) muy diferente colgar un lienzo en una pequeña habitación entre un montón de muebles y objetos antiguos; **13-B:** No sé cómo decirles a mis padres que [...]; **14-C:** [...] los que se dedican o deciden estudiar Bellas Artes son personas con conocimientos de tecnología e informática [...] dibujo, pintura o grabado.

Pista 23. Tarea 3, p. 152

15-B: Tuve una etapa donde me dediqué a la plástica; **16-B:** El influjo de la música cuando se instala desde temprana edad, no se va más de tus entrañas. Al contrario, aumenta cada día; **17-A:** Creo que venimos a este mundo dotados de manera natural para tal o cual actividad; **18-A:** Tengo la suerte de poder decidir qué roles representar; **19-C:** Basta con ir a cualquier función de ópera o concierto y ver la cantidad de jóvenes que asiste. Lo que sucede es que el pueblo no tiene oportunidad de hacerse oír; **20-B:** [...] los intereses creados no quieren ver y escuchar los reclamos de los sectores que a ellos no les convienen.

Pista 24. Tarea 4, p. 153

21-C: *Ser el vivo retrato de alguien* = parecerse muchísimo; **22-C:** *Sudar tinta* = realizar un trabajo con mucho esfuerzo; **23-A:** *Costar un riñón* = ser mucho el gasto, ser caro; **24-B:** *Tener madera* = tener talento o disposición natural para determinada actividad; **25-A:** *Hacer gallos* = dar notas falsas y chillonas; **26-B:** *Vérselas y deseárselas* = costarle a alguien mucho cuidado o fatiga la ejecución de algo; **27-A:** *Ponerse flamenco* = tener una actitud chula, insolente; **28-C:** *Tener tablas* = desenvolverse con naturalidad y dominar una situación por experiencia y oficio; **29-A:** *Montar una escena* = comportarse de forma aparatosa y teatral para impresionar a los demás; **30-A:** *Porque tú lo digas* = digas lo que digas, aunque lo digas tú.

EXAMEN 6. Medios de comunicación y deportes

LÉXICO

MEDIOS DE COMUNICACIÓN p. 162

1. Posibles respuestas. Información y comunicación: comunicado, declaración, aviso, audiencia; correspondencia escrita: encabezamiento, dirección, tecla, matasellos, membrete, remitente; teléfono: abonado, manos libres, almohadilla, centralita, auricular; prensa: comunicado, portada, abonado, primicia, titular, exclusiva, declaración; radio y televisión: dirección, realizador, montaje, guionista, iluminación, declaración, audiencia, aviso.

2. Posibles respuestas. a. *periodismo*, porque no es un tipo de mensaje o información concreta; b. *autor*, porque se refiere a una persona y no a uno de los componentes de una carta; c. *almohadilla*, porque es un símbolo; d. *vender*, porque implica una transacción comercial; e. *técnico*, porque es un término más genérico, que no se relaciona solo con lo audiovisual.

3. a. Una información *de primera mano* es la que se recibe directamente de la fuente original, sin interpretaciones externas; b. *Desvío* de llamadas es redirigir las llamadas entrantes de un número de teléfono a otro número preestablecido; c. *Comunicado de última hora* es una información, normalmente breve, que se da con urgencia por la relevancia del tema y de manera oficial; d. El periodismo de *investigación* analiza y expone información relevante que no es de conocimiento público; e. Un titular *polémico* es un enunciado breve, y a veces provocativo, que capta inmediatamente la atención del lector; f. *Difundir* una declaración es hacerla pública en los medios de comunicación para darla a conocer; g. El *índice* de audiencia muestra el porcentaje de espectadores u oyentes de un programa entre el total de personas conectadas a un medio de comunicación en ese momento; h. Una *retransmisión* en directo es la emisión de un programa o contenido audiovisual para que llegue al público en tiempo real.

4. a. 6; b. 5; c. 1; d. 3; e. 4; f. 7; g. 2.

5. a. presentador de televisión; b. locutor de radio; c. mantenedor de plataformas de *streaming*; d. periodista para sitio web; e. creador de contenido para redes; f. *influencer* o líder de opinión.

6. Julián era el tipo de *periodista* que siempre buscaba la verdad, sin importar el riesgo. Aquella tarde, recibió un *anónimo:* «Si quieres la historia, ve al callejón detrás de la estación a las 7: 00 p.m.». Era peligroso, lo sabía, pero la promesa de una *primicia* lo impulsó a ir. Llegó al lugar con su *libreta* y preparó su *teléfono móvil* para cualquier cosa… De vuelta en la *redacción,* Julián abrió el sobre: *documentos,* fotos, y una grabación… Sabía que al *publicarlo* cambiaría muchas cosas… Esa noche escribió el *artículo* más importante de su carrera, titulado: La verdad oculta tras el poder. Al enviarlo al *editor,* respiró hondo.

7. a. 7; b. 6; c. 5; d. 3; e. 8; f. 4; g. 2; h. 1.

8. a. un coloquio; b. La conferencia; c. la entrevista; d. El simposio; e. el foro; f. una tertulia; g. El debate; h. La mesa redonda.

9. … el alcalde *anunció* que habría una reunión urgente…; Al llegar, el alcalde *informó de* que algo insólito había sucedido…; «Quiero *declarar* que este acto no quedará impune», *recalcó* con tono solemne. Luego *expuso* los detalles…; Don Luis, …, se levantó para *referir* una experiencia extraña…; «… No quiero *afirmar* nada, pero me pareció sospechoso». Otro de los vecinos *mencionó* haber escuchado…; Sus palabras hicieron que algunos vecinos comenzaran a *cotillear* entre ellos…; Luego, el comisario local tomó la palabra para *precisar* los diferentes pasos a seguir; También *ordenó* que se hiciera un registro…; «Quiero *añadir* que nadie debe actuar por su cuenta»; … *enfatizó;* … el alcalde volvió a *manifestar* la importancia que tenía trabajar unidos;… *advirtió* que el robo podía repetirse; … *indicó* que las investigaciones comenzarían de inmediato.

DEPORTES p. 166

1. colectivos: maratón, pentatlón, natación en aguas abiertas; individuales: piragüismo de eslalon, hípica, BMX Freestyle, lucha libre, tiro con arco; de equipo: cricket, piragüismo de eslalon.

2. a. parapente; b. descenso de barrancos; c. gimnasia rítmica; d. lucha grecorromana; e. esgrima; f. boxeo; g. natación artística; h. carrera de relevos.

3. *La final* de fútbol se vivía con intensidad. Los *hinchas,* que abarrotaban la *tribuna,* no dejaban de animar a su equipo, que estaba listo para *disputar* el *trofeo* más importante del *torneo.* Sin embargo, una reciente *lesión* de su delantero estrella generaba incertidumbre. A pesar de ello, la *pasión* y la *fuerza de voluntad* se mantenían intactas, con la esperanza de ganar el *encuentro* y celebrar una *hazaña* histórica.

4. a. colocó; b. Han instalado; c. añadió; d. impuso; e. encendió; f. indica; g. asignó.

5. a. *camiseta* no es un accesorio de protección; b. *vestuario* no es un lugar donde se celebren competiciones; c. *pívot* está relacionado con el baloncesto, no con el fútbol; d. *silbato* no es un objeto para practicar un deporte, sino para arbitrar un encuentro.

6. Posibles respuestas. disputar: competir/rendirse; adversario: oponente, rival, contrincante/aliado; superación: progreso/deterioro, decadencia; derrota: fracaso/victoria, triunfo; eliminar: excluir/incluir; ensayar: practicar, ejercitar/improvisar.

7. a. jugar en casa, 9; b. echar balones fuera, 7; c. ser un golpe bajo, 10; d. correr una maratón, 3; e. chupar rueda, 5; f. estar la pelota en su campo, 2; g. estar en jaque, 6; h. hacer una jugada maestra, 4; i. quedarse fuera de juego, 1; j. estar contra las cuerdas, 6.

GRAMÁTICA

SERIE 1   p. 168

1-B: Sigue. Se puede utilizar el imperativo con valor condicional para advertir, como en este caso (si sigues sin contrastar… verás dónde…). Este uso es frecuente en el habla coloquial. La opción a sería posible si estuviera la conjunción condicional *si*.

2-A: Mira. Uno de los usos del imperativo es llamar la atención de alguien, como en este caso. Sería similar a ¿ves el tráfico que hay? *Viendo* sería correcta si no hubiera un punto y coma, sino una coma: *Viendo el tráfico que hay, no llegaremos…*

3-B: clara y detalladamente. No repetimos el sufijo *-mente* cuando tenemos dos adverbios con esta terminación, sino que aparece solo en el segundo. *Detallado* es adjetivo y no adverbio.

4-B: Se le. Se utiliza el pronombre *se* para expresar impersonalidad (no se indica quién realiza la acción) y *le* es un pronombre de complemento indirecto: *a él* o *ella*. El objeto directo es *una sanción* y aquí no va sustituido por un pronombre. *Lo* y *los* son pronombres de objeto directo.

5-C: hubiera aplicado. Se utiliza el pluscuamperfecto de subjuntivo en la oración condicional para expresar una condición no realizada en el pasado (*aplicó esa práctica*). No se puede utilizar un condicional simple ni compuesto (*habría aplicado*) en la oración condicional con *si*. Con el imperfecto de subjuntivo (*aplicara*) cambiaría el sentido de la frase, ya que no se estaría refiriendo al pasado.

6-A: deje. En este caso, estamos ante una oración que indica una condición real o posible introducida por *como* (la conjunción *como* puede introducir oraciones condicionales, estableciendo una relación de causa-efecto o condición-consecuencia): la oración condicional se refiere al futuro (*como la desinformación no deje*) y la principal (*se complicará…*) está en futuro. Un verbo en condicional (*dejaría*) no puede aparecer en la subordinada y con un imperfecto de subjuntivo (*dejase*), la principal no iría en futuro, sino en condicional.

7-C: A menos que. Equivale a *excepto que, salvo que, a no ser que*. Ni la locución adversativa *a pesar de que*, opción a, ni la condicional *en caso de que* tienen sentido aquí, pues supondría afirmar que *si no hay noticias falsas, aumenta el escepticismo*.

8-A: bajito. Por el sentido de la frase (para que no los oyeran los rivales), la opción adecuada es el diminutivo del adverbio *bajo*, con el sentido de *en voz baja*, en *un tono de voz suave*. Tanto *despacito* como *lento* significan *a baja velocidad* y no se refieren al volumen de voz.

9-C: sobremanera. Su uso se refiere a algo que es excesivo (*en extremo, muchísimo*). *En gran medida* (en gran parte) y *grandemente* significan *mucho*, pero no tienen el sentido de algo desmesurado, exagerado, como indica el sentido de la frase.

10-B: se reunieron. Aquí el cuantificador (*multitud*) va sin determinante y el verbo va en plural para concordar con el significado de un conjunto numeroso. Se podría utilizar el verbo en singular con *una multitud; reunieron* (=juntar, agrupar), aunque está en plural, no es correcta aquí, porque se necesita la forma pronominal *reunirse*.

11-A: dijo el testigo. Cuando se cita algo que ha dicho alguien, el verbo de lengua se antepone al sujeto (*el testigo*). Se podría utilizar el verbo *declarar*, pero en ese mismo orden (*declaró el testigo*).

12-C: vienen a confirmar. Se trata de una perífrasis resultativa, es decir, que indica la realización finalizada de una actividad. *Estar por* y *deber* introducen perífrasis incoativas, es decir, que indican el inicio de una acción, por lo que son incorrectas en este contexto.

1-B: Vete. A veces, como en esta frase, para ordenar algo que hay que hacer inmediatamente, se usa el imperativo seguido del adverbio *ya*, significando *sal de aquí inmediatamente* o *vete ahora mismo*. Las otras opciones no tienen sentido aquí.

2-A: Abre. Como en alguna ocasión anterior, esta construcción con el imperativo seguido de futuro puede utilizarse con valor condicional (*si abres, verás qué sorpresa*). Las otras dos opciones son imposibles.

3-B: claro. La expresión correcta aquí es *hablar claro* (para poder entender). *Suavemente* indicaría hacer algo con delicadeza, sin brusquedad, lo que no tiene sentido aquí; *definido* es un adjetivo que no se usa con valor adverbial, como se necesita en este contexto.

4-B: rápidamente. No se puede crecer *ágilmente* (= con soltura) ni *diligentemente* (= con eficiencia), pero sí *con rapidez*.

5-C: llegas. Aunque formalmente no es muy correcta, en la lengua hablada e informal es frecuente sustituir el pluscuamperfecto de subjuntivo (*hubieras llegado*) por el presente de indicativo en las oraciones condicionales cuando los dos verbos se refieren a acciones pasadas. En este caso para lamentar algo. Las otras opciones no son correctas, pues no se pueden utilizar estos tiempos verbales después de *si* en las oraciones condicionales.

6-A: le. Se utiliza el pronombre reflexivo *se* para expresar la impersonalidad (no se indica quién realiza la acción) y *le* es objeto indirecto. Tanto *la* como *lo* son pronombres de objeto directo y, en este caso, el objeto directo es *que informara del incidente de forma objetiva y sin sesgos*.

7-B: a él. Una de las funciones de la duplicación del pronombre de objeto indirecto es contrastar un objeto indirecto con otro. En este caso le cedieron el micrófono *a él* y no a otra persona. *A ello* se utiliza para referirse a ideas o hechos; *a se* no existe.

8-B: Ø. Se trata de una oración condicional real introducida por el nexo *si*. El verbo va en presente de indicativo. Las otras opciones son agramaticales.

9-B: llamara. Se usa el imperfecto de subjuntivo en la oración condicional para expresar una condición hipotética, irreal o poco probable. El condicional (*llamaría*) y el futuro (*llamará*) no pueden aparecer tras *si* en las oraciones condicionales.

10-A: Mira. Estamos ante un imperativo lexicalizado cuya función es exagerar el significado del adjetivo al que acompaña. En este caso, la expresión *mira que eres egoísta* resalta la cualidad de egoísta de una persona. *Mirara* no tiene sentido; *mirad* se utilizaría con diferente significado, por ejemplo para ridiculizar a alguien: *mirad qué egoísta es*.

11-A: Vaya, vaya. Este ejemplo corresponde también a un imperativo lexicalizado donde se repite el imperativo para expresar ironía. Las otras opciones no se usan con este sentido.

12-C: a mí. Pronombre personal que refuerza el objeto indirecto *me*. El pronombre átono *me* no se usa tras preposición y *mi*, sin acento, es un adjetivo posesivo y no un pronombre personal.

1-C: anda. Este es otro ejemplo de imperativo lexicalizado cuyo objetivo es animar a realizar algo. Las opciones *mira* y *vaya* no tienen ese uso.

2-A: lindo. En Hispanoamérica, *lindo* (*bonito* en España) se usa para describir algo o alguien que es agradable a la vista, tierno o hermoso. *Hermosamente,* opción b, es un adverbio que describe cómo se hace algo, pero no cómo viste alguien; *supuesto* (considerado real sin serlo necesariamente), opción c, no es adverbio ni tiene sentido en esta frase.

3-C: Se. Se trata de un uso enfático del pronombre reflexivo para ponderar la acción de *redactar todo el artículo* (sin ayuda). Las otras opciones no son correctas, porque el objeto directo (*todo el artículo*) ya está expreso y pospuesto al verbo y no se indica para quién (*le*).

4-B: por casualidad. Indica que algo ocurre de manera inesperada, sin planificación. *Por casual* necesitaría el artículo *un* (*por un casual*), que sería una expresión coloquial similar a *por casualidad*. *caso* no tiene sentido.

5-C: habrías perdido. Es la única opción válida en esta oración condicional referida al pasado. *Perdieras* (pretérito imperfecto de subjuntivo) y *hayas perdido* (pretérito perfecto de subjuntivo) no se emplean en este tipo de oraciones con este valor.

6-A: decidan. En este tipo de condicionales, con *a menos que*, solo se puede usar un presente de subjuntivo para condiciones referidas al futuro.

7-B: caso. La expresión para introducir una condición con una connotación de precaución o previsión es *en caso de*. Ni el adjetivo *casual* ni el sustantivo plural *circunstancias* se utilizan en las locuciones condicionales.

8-A: expulsen. Esta oración presenta una condición referida al futuro (si me expulsan) con cierto tono de amenaza. En este caso, solo se puede utilizar el presente de subjuntivo. Las otras opciones son incorrectas, ya que se referirían al pasado o al futuro.

9-B: se les. Se utiliza el pronombre reflexivo *se* para expresar la impersonalidad (no se indica quién realiza la acción) y *les* es objeto indirecto y se refiere claramente a *las jóvenes deportistas*. Las otras dos opciones son agramaticales.

10-A: se les. En este caso, se utiliza un pronombre *se* seguido del pronombre de objeto directo *les* (permitido en el caso del masculino en lugar de *los*) refiriéndose claramente a *los comentaristas*. Las otras dos opciones son agramaticales.

11-A: rápido. El adjetivo *raudo* y, por lo tanto, el adverbio *raudamente* significan *de una forma rápida* o *precipitadamente*, por lo que no tiene sentido en este contexto. *Velocísimamente* es la forma superlativa y tampoco tiene sentido aquí, pues no hay comparación alguna.

12-C: Mira. Estamos de nuevo ante un imperativo lexicalizado que tiene cierto matiz de sorpresa. Por ello no son correctas las otras dos opciones.

SERIE 4   p. 169

1-A: Ve. Imperativo del verbo *ir* en la persona *tú*. Las otras opciones irían con el pronombre *usted*. Por ello, no son correctos aquí.

2-A: ligero. La expresión *anda ligero* generalmente se usa para pedirle a alguien que se mueva o actúe con rapidez, como en este contexto. *Diestramente* (con destreza y habilidad) y *acompasadamente* (con ritmo) no tienen sentido aquí.

3-A: digo. Se trata de una forma lexicalizada (fija) del verbo para indicar que se insiste en algo. Las otras opciones no son correctas: una se refiere al pasado y la otra es un subjuntivo.

4-B: verás. Esta construcción con un imperativo seguido de futuro puede utilizarse con valor condicional. Las otras opciones son agramaticales.

5-C: Mira. Se trata de un uso lexicalizado del imperativo acompañado del pronombre *tú*, para expresar sorpresa (como en este caso) o ironía. Las otras opciones no son correctas aquí.

6-C: haya. *Excepto que* va con subjuntivo e indica una posibilidad o evento futuro que, si ocurre, cambiará el resultado esperado. Las otras opciones no son posibles.

7-A: Como. Conjunción condicional que introduce una advertencia. Con la conjunción *si* el verbo iría en presente de indicativo; *excepto* necesita la conjunción *que* detrás, pero además no tiene sentido en esta frase.

8-A: Vaya, vaya. Esta interjección reduplicada se utiliza para expresar sorpresa desagradable o ironía, como en este caso. Ni el imperativo plural de *mirar* (*mirad*) ni el subjuntivo de *ver* (*vean*) tienen este uso.

9-B: se te. En este tipo de construcciones se utiliza el pronombre *se* seguido del pronombre de objeto indirecto *te* refiriéndose claramente *a ti* para expresar la involuntariedad. *Se* no sería correcta (se necesita *te*); *le* tampoco es correcta, porque es pronombre de tercera persona.

10-C: duramente. Adverbio que significa *con dureza, de manera severa y enérgica*. Los adjetivos *duro* y *exagerado* no son correctos, porque son adjetivos y aquí se necesita un adverbio de modo (¿Cómo les habló? Duramente.).

11-A: se le. Igual que antes, utiliza el pronombre *se* seguido del pronombre de objeto indirecto. *Se la* no es correcto, porque es un objeto directo femenino y *lo*, masculino.

12-B: a ella. Se recurre a la repetición del objeto indirecto para aclarar o evitar ambigüedades de sobre a quién se refiere el pronombre personal *le*, pues podría significar también *a él*. *A se* no existe; *a sí* es imposible, porque se referiría a la misma persona (a sí mismo).

FUNCIONES

SERIE 1   p. 170

1-B: Siento vergüenza ajena al ver... se usa como fórmula para expresar *vergüenza*. *Pudor* y *rubor* son sinónimos de *vergüenza*, pero no se usan como fórmula.

2-B: ¿Tienes noticia sobre…? *Tener noticia o tener noticias* (sin artículo) se usan para preguntar por el conocimiento de algo. *Seguridad* y *certeza* están relacionados con el significado de la expresión, pero no se usan en esta fórmula.

3-B: Siento una gran simpatía por… es una fórmula que expresa afecto. *Optimismo* y *alegría* son sustantivos con un significado positivo, pero no se usan como fórmula con el verbo *sentir* para expresar afecto.

4-B: Sé perfectamente lo que implica… Una de las fórmulas para indicar que se conoce algo es esta, en la que se necesita el artículo neutro *lo* para hacer referencia a una idea o un concepto abstracto. El artículo masculino (*el*) o femenino (*la*) irían en una oración con un antecedente masculino o femenino.

5-C: ¿No están enterados del escándalo? Esta fórmula se usa para preguntar por el conocimiento de algo. *Fueron* y *serán* no son correctas porque son formas verbales de *ser* y esta fórmula se construye con *estar*.

6-B: Sinceramente, ignoramos los detalles de la próxima campaña… Con esta fórmula indicamos el desconocimiento de algo. Con *sabemos*, expresaríamos justo lo contrario, conocimiento, y no iría con el adverbio *sinceramente*. No hay motivo para usar la forma en presente de subjuntivo (*sepamos*) al tratarse de una oración afirmativa.

7-A: ¿Alguien sabe algo al respecto? Se usa esta expresión para preguntar por el conocimiento de algo. *Cosas* no sería correcto (sí *alguna cosa*) y para usar la palabra *información* aquí, tendríamos que decir *¿tiene alguna información…?*

8-A: Me ruboriza saber que… Se usa expresamente cuando queremos indicar vergüenza. *Enrojecer* se refiere a *ponerse rojo* por causas físicas (como el calor o el ejercicio) o emocionales (como la vergüenza), pero no va con el pronombre *me*; *sofocar* se utiliza más en el sentido de que algo (físico o emocional) impide la respiración.

9-A: Le tenía un gran cariño al guionista… Usamos *tener un gran cariño* para expresar afecto. *Afán* se refiere al deseo intenso de algo; *tesoro* es una palabra cariñosa que se utiliza para referirse a alguien a quien se quiere mucho (como mi amor, mi vida).

SERIE 2   p. 170

1-A: Quedas avisada de que… *Quedar avisado o avisada de algo* se usa para advertir. *Estar atenta* se usaría para dar una orden si fuera en imperativo: *estate atenta*. *Sabes de cierto* no se usa para advertir. Además, no serían correctas porque no irían seguidas de la preposición *de*.

2-C: Soy muy patosa para los deportes. *Ser patoso o patosa para* se usa para expresar falta de habilidad para hacer algo. *Enérgica* no está relacionada con la habilidad; *capacitada* tampoco sería posible, pues iría con *estar*.

3-B: ¿Crees que la nueva practicante está dotada para esa retransmisión? La fórmula *¿crees que está dotado/a para…?* se emplea para preguntar por la habilidad para hacer algo. Ni *acertada* ni *proveída* serían correctas, pues no se usan con *estar* para preguntar por la habilidad.

4-A: Es un fiera en esa prueba. *Ser un fiera* se usa para describir a una persona que tiene habilidades que le hacen destacar o sobresalir en algo; *ser un bestia* tiene connotaciones negativas: falta de inteligencia o comportamiento salvaje. Sin embargo, usado en femenino, *ser una bestia*, puede usarse para describir a alguien con gran fuerza, habilidad o capacidad para algo. *Ser una leona,* más utilizado en femenino, tiene que ver con la fuerza, la valentía o la determinación.

5-C: ¿Consideras que es superdotado? Se usa esta fórmula para preguntar por la habilidad para hacer algo. *Equipado* iría con el verbo *estar* y *sabihondo* necesitaría el artículo indeterminado (*ser un sabihondo*) y tiene connotaciones negativas: alguien que presume de ser sabio sin serlo.

6-A: Allá tú. Luego no digas que. Ambas expresiones se usan para advertir. *Hagas* y *sepas* van también en imperativo negativo, pero no son correctos aquí.

7-B: Mira bien dónde pisas, no vaya a ser que tropieces. Esta fórmula se utiliza para advertir de algo. *Tropezar* implica un movimiento hacia adelante o hacia abajo, con la posibilidad de perder el equilibrio, pero sin necesariamente caer (*no vaya a ser que* = a lo mejor, puede ocurrir que). Caer implica perder el equilibrio completamente hasta llegar al suelo (quizá por causa de un tropiezo). *Traspiés* (resbalón) es un sustantivo que necesita el verbo dar (dar un traspiés).

8-B: Es muy competente en… Se utiliza cuando hablamos de la habilidad de alguien para hacer algo. *Formado* iría con el verbo *estar* (*estar formado en algo*). *Competitivo* se usa para describir a una persona a la que le gusta competir, lo que tiene un significado diferente al de habilidad que se busca aquí.

9-C: Tú sabrás si te atreves. Esta fórmula se emplea para advertir. *Pensar* sería correcto si fuera en imperativo: *piensa si…; Ver* sería correcto en futuro.

SERIE 3   p. 171
1-B: ¿Serías tan amable de decirnos…? Esta fórmula se usa para dar una orden de forma atenuada. *Podrías* y *harías* necesitan el verbo *ser* para expresar lo mismo (*podrías ser tan amable de…* o *harías el favor de ser tan amable…*).

2-C: Ni se te ocurra. Es una forma enfática de dar un consejo categórico. El uso del subjuntivo en *No puedas* no tiene sentido; *Nunca digas* es una fórmula para aconsejar, pero no puede ir con un infinitivo. **¿Estoy en lo cierto?** Es una fórmula que se utilizar para pedir confirmación.

3-A: Que sí, tranquila, que me ha asegurado que cubriría el evento. Se utiliza esta fórmula para confirmar una información anterior. En el contexto de las comunicaciones, el verbo apropiado es *cubrir* un evento (documentar y difundir información sobre un acontecimiento). *Tapar* significa cubrir o cerrar algo para protegerlo o evitar que se vea. Suele utilizarse para cosas físicas y no tendría sentido; *estaría* no es posible porque necesita la preposición *en* (*estaría en el evento*).

4-A: Te sugeriría que te enfocaras en… Se usa como fórmula para aconsejar. *Comentaría* y *preguntaría* no son correctas porque no expresarían sugerencia.

5-B: ¿No estarás insinuando que…?, ¿no? Con esta fórmula pedimos confirmación sobre algo (no asistir a una conferencia). *Dirás* y *pensarás* no tienen sentido en este contexto y, además, no se usan delante de un gerundio.

6-B: El árbitro le ordenó que abandonara… Se trata de una orden y el verbo subordinado debe ir en subjuntivo. Al ir el verbo de la oración principal en pasado (*ordenó*) la oración subordinada lleva el verbo en pretérito imperfecto de subjuntivo (*abandonara*). *Abandonaba* y *abandonó* no son posibles, pues están en indicativo.

7-B: ¿Quieres parar? Con esta expresión formulamos una orden o instrucción de forma inmediata. Se utiliza para indicar hartazgo hacia lo que está haciendo alguien. *Por final* no existe y *finalmente* no se usa en esta fórmula, sí en otros contextos. **¿A que no?** se utiliza para pedir una confirmación sobre lo que se ha dicho antes (no se puede buscar en Internet sin criterio).

8-B: Siempre nos queda el recurso de… Usamos esta fórmula para aconsejar ante las dificultades. Tiene el sentido de indicar a la otra persona que siempre hay una salida o alternativa. *Oportunidad* tendría un sentido similar, pero no se emplea como fórmula; *asistencia* no tiene sentido aquí. **¿Verdad que sí?** se utiliza para pedir una confirmación sobre lo dicho antes (siempre hay una salida o alternativa).

9-A: Efectivamente, se confirma… Esta fórmula se emplea para confirmar una información previa. *Confirmar* significa *asegurar la verdad o certeza de algo*. *Reafirmar* y *certificar* tienen significados cercanos a *confirmar*, pero *reafirmar* es afirmar algo de nuevo o darle más firmeza; *certificar* implica dar fe o testimonio oficial de la validez de algo. Ninguna de las dos se usa como fórmula.

CORRECCIÓN DE ERRORES   p. 171
a. Los medios están informando *de* las últimas competiciones, pero no están *cubriendo* deportes… *Para* tiene un valor final y aquí el verbo *informar* necesita la preposición *de* (o *sobre*). *Cubiertos* es el participio de *cubrir*, pero aquí lo correcto es el gerundio: *cubriendo* para formar el presente continuo: *están cubriendo*.

b. Si *hubieran* investigado más *a* fondo sobre el evento, *habrían* suministrado… En este tipo de oración condicional, se necesita pluscuamperfecto de subjuntivo (*hubieran investigado*) en la subordinada condicional y condicional compuesto (*habrían suministrado*) en la oración principal. *A fondo* significa *en profundidad* y va con la preposición *a*.

c. La noticia de la victoria *ha sido* tan *esperada/inesperada* que los aficionados no *pueden* contener su alegría. *Ha sido* es lo correcto, porque se refiere a un suceso. En este contexto, lo lógico es que la noticia fuera inesperada (en femenino por referirse a noticia), y por eso causara alegría, pero *esperada* también sería correcta. *Pueden* debe ir en indicativo. No hay motivo para usar el subjuntivo en una oración afirmativa.

d. El entrenador se enfadó *con* los periodistas porque no *comentaron/siguieron* su estrategia… *Enfadarse* va con la preposición *con*. Una estrategia no se cubre, se comenta o se sigue, en pretérito perfecto simple de indicativo. No hay motivo ni matiz que justifique el uso del pretérito imperfecto de subjuntivo.

e. Al no hacerse/*haberse hecho mucho* hincapié…, los aficionados *creen*… Según el sentido de la frase, usaríamos infinitivo compuesto o simple: en el caso 'los aficionados creen que no se mereció el premio porque previamente no se había hecho hincapié en el talento del jugador', la oración causal debe ir en infinitivo compuesto; si se refiere a una causa expresada como algo general, 'los aficionados creen que no mereció el premio porque en general no se hace hincapié en su talento', iría con el infinitivo simple. *Hincapié* es masculino y por eso debe ser *mucho*. El verbo debe ir en indicativo (*creen*) porque no hay motivo ni matiz por el que sea necesario el uso del subjuntivo.

f. El ritmo de *la* competición… es *tan* intenso que… no tienen tiempo *de/para* descansar. Se trata de una expresión consecutiva, no comparativa, que expresa intensidad, por lo que el adverbio debe ser *tan*. El *ritmo de competición* se refiere al ritmo objetivo de un corredor, mientras que el *ritmo de la competición* es un término más amplio que describe la intensidad general de una competición, por eso aquí es lo más adecuado. La preposición correcta con *tener tiempo* es *de* (disponer de tiempo) o *para*. En este sentido, la función de la preposición *de* es la de indicar una característica de ese tiempo. El uso de *para* indicaría la finalidad de ese tiempo.

g. Han perdido debido a sus *errores* de táctica. *Errata* se usa para designar un error en un texto impreso. En este contexto se necesita la palabra *error*, término más amplio, que se refiere a cualquier tipo de equivocación o fallo.

h. Han sido criticados *por/críticos con* la actuación de los atletas, *aun cuando* sus logros son indiscutibles. Se utilizaría *criticados por*, si nos referimos a la causa; utilizaríamos *críticos con* si queremos indicar que se ha juzgado duramente a los atletas. *Aún si* no es correcto para introducir una oración con valor adversativo (además, *aún*, con tilde, significa *todavía*). Es mejor usar *aun cuando* (sin tilde). También se podría usar *aunque*, con un subjuntivo: *aunque sus logros sean indiscutibles*.

i. No solo discutieron sobre el árbitro, *sino que* también se quejaron *de* sus decisiones *durante* el encuentro. *Pero* no es una conjunción correcta aquí porque la oración principal es negativa, en este caso se usa *sino que*; *quejarse* requiere la preposición *de*. *Mientras* introduce una oración subordinada temporal y necesitaría un verbo conjugado, aquí lo correcto es usar el adverbio *durante*.

j. Sería *preferible* enfocarse más en… *que* en las emociones… *Preferente* significa que tiene prioridad, que debe realizarse antes; aquí lo correcto es *preferible*, es decir, más deseable, conveniente o recomendable. *Que* es la forma correcta como segundo término de la comparación y no *de* (con *más de* expresaríamos mayor cantidad de algo y no preferencia).

USO DE PREPOSICIONES

a. debe adaptarse **a** los nuevos tiempos; b. La influencia de las RR. SS. **en** la conducta… ha crecido **en** los últimos años; c. El equipo se preparó **para** afrontar el desafío **de** la final; d. su satisfacción **por** los avances de los atletas **en** el entrenamiento; e. varios errores **en** las tácticas establecidas; f. suficientemente preparado **para** la intensidad **de** la competición; g. La información transmitida **por** los medios puede ser interpretada **de** maneras diferentes; h. La selección confía **en** su capacidad **para** ganar; i. La cobertura de este evento es crucial **para** la credibilidad **de** la cadena televisiva; j. son responsables **de** la difusión **de** noticias falsas.

PRUEBA 1. Comprensión de lectura y uso de la lengua

Tarea 1, pp. 172-173

1-B: […] el deportista habrá de notificar a la dirección técnica […] las pruebas de carácter nacional y concentraciones en las que vaya a participar. Dicha participación quedará supeditada al visto bueno de la dirección técnica; **2-B:** El director técnico consultará con este y con su entrenador personal para confeccionar conjuntamente el plan de programación anual; **3-A:** […] está obligado a asistir a cuantos controles técnicos y médicos sean convocados por la FETRI; **4-A:** El deportista […] debe utilizar el material […] facilitado por la FETRI, tanto de calle como de entrenamiento y competición; **5-C:** El deportista ha de mantener un comportamiento correcto con los entrenadores, técnicos, deportistas y resto de personal federativo; **6-B:** Mantenerse en activo durante la temporada en curso en la práctica de la alta competición en la especialidad en la que se consiguió el resultado que dio acceso a la beca y/o ayudas, entendiendo como tal la participación en la temporada en el campeonato de Europa o del mundo que le dio derecho a la beca la temporada anterior. […] tiene la obligación de tomar parte en todas las competiciones internacionales para las que sea seleccionado por el director técnico, así como en los campeonatos nacionales de su especialidad y categoría, en la prueba por la que haya conseguido la beca.

7-E: Era la fuerza de ataque...; **8-A:** A medida que se acercaban al pueblo...; **9-G:** [...] absorto en sus pensamientos...; **10-C:** Uno de los cebras vino a Márquez...; **11-B:** Soldados disparando...; **12-F:** Y el campesino con ropas civiles...

Tarea 3, pp. 176-177

13-B: [...] no todos somos conscientes del peligro que entrañan para nosotros como individuos, para las corporaciones o instituciones en las que trabajamos y para la sociedad en general; **14-C:** [...] buscan perjudicar el buen nombre y las ganancias de particulares y empresas; **15-B:** Según un estudio del MIT, las noticias falsas tienen hasta un 70 % más posibilidades de ser compartidas que las verdaderas; **16-A:** En el centro de la responsabilidad social de las empresas están la transparencia y la responsabilidad, que derivan en gran parte de nuestra capacidad para comunicar con claridad; **17-C:** Uno de los objetivos para conseguir un desarrollo sostenible es crear [...] instituciones eficaces y transparentes que [...] garanticen el acceso público a la información y las libertades fundamentales; **18-A:** Las noticias falsas nos llevan, sin duda, hacia un mundo cada vez más dividido y fragmentado.

Tarea 4, pp. 178-179

19-A: Surgió entonces la idea idea de cronometrar [...] para averiguar qué motor era el más potente o qué piloto tenía un mayor manejo de la moto para batir la marca de sus rivales; **20-F:** El arte de luchar con una espada es casi tan antiguo como nuestra historia. [...] no se ha entendido desde sus principios como un deporte; **21-C:** [...] es una de las expresiones más destacadas de la cultura vasca; **22-D:** [...] en el que los asistentes hacían grandes apuestas; **23-B:** La necesidad de cruzar los helados canales durante el invierno hizo que se empezaran a utilizar pesados patines con cuchillas de madera; **24-E:** [...] por seguridad se practica habitualmente en grupo; **25-F:** [...] cada esgrimista estudia a su contrario, buscando sus posibles reacciones; **26-D:** [...] el capitán del equipo derrotado era castigado y flagelado en público.

Tarea 5, pp. 180-181

27-A: *Orientarse* = descubrir, reconocer o intuir el camino, dirección o ruta para llegar a un destino, lugar u objetivo. En este sentido, necesita la preposición *a* (o *hacia*); **28-C:** *Lucrativos* = que producen ganancias. La expresión es *fines lucrativos*; **29-A:** *Respectivas* = correspondientes. *Sendas* = una para cada una de las personas o cosas mencionadas. *Ambas* = la una y la otra, las dos; **30-B:** En las estructuras pasivas, *por* introduce el agente de la acción (el sujeto de la acción *encabezar*); **31-A:** Dentro de los usos del presente está el de hablar de acciones en presente (presente actual), como es el caso; **32-C:** La locución correcta es *al igual que* = de la misma manera que; **33-A:** *Cumplir con* = satisfacer; **34-C:** *Se celebra* = tiene lugar; **35-B:** La locución adverbial *en cambio* se usa para indicar contraste, que es lo adecuado según el contexto. *Al revés* = al contrario (indica lo opuesto). *Al tiempo* = al mismo tiempo (indica acciones simultáneas); **36-C:** *Contar con* = disponer de. *Se compone* necesita la preposición *de*; **37-A:** *Convocatoria* = convocación, citación, llamamiento; **38-B:** Se necesita un relativo con preposición (*en* = indica tiempo) referido a años, *en los (años) que*; **39-A:** *Poner de relieve* = resaltar, destacar; **40-C:** Se refiere a Juegos Paralímpicos (masculino plural), por lo que la única opción es *en donde* = (Juegos) en los que.

PRUEBA 2. Comprensión auditiva y uso de la lengua

Pista 26. Tarea 1, p. 182

1-B: El deporte [...]. Es también una oportunidad para canalizar el esfuerzo humano hacia fines sociales útiles y su promoción contribuye con la lucha contra flagelos tales como las adicciones; **2-C:** La atención entre quienes consideran que los hechos humanos son influenciados [...] por la sociedad [...] y quienes los atribuyen a factores biológicos sigue todavía en pie; **3-E:** Los deportes han evolucionado y en su proceso de desarrollo se ha comprobado cómo la violencia se viene reduciendo [...] a causa de ese mismo proceso civilizatorio, nuestro umbral de tolerancia hacia la violencia ha descendido, [...] nuestra sensibilidad es más elevada que antes; **4-F:** [...] todos los deportes competitivos [...] se basan en el enfrentamiento por [...] la victoria, **5-H:** [...] algunos de estos deportes, como el boxeo, la lucha libre [...], se basan específicamente en la práctica de la violencia controlada; **6-L:** [...] no deja de ser cierto que a veces la celebración exaltada y alcoholizada de una victoria puede empezar festivamente, pero terminar como el rosario de la aurora.

Pista 27. Tarea 2, p. 183

7-B: Seguro que avisaron a los periodistas; **8-A:** Son jóvenes, famosos y buenos profesionales; **9-A:** [...] River terminó el año con optimismo; **10-B:** ¡Caramba! Una subida importante; **11-B:** [...] intervalos nubosos y rachas de viento en la zona del litoral; **12-A:** [...] me dijo que habían estado en el monasterio de Poblet [...] ¿Por qué no?; **13-C:** [...] un piloto español ha perdido la vida al estrellarse su avioneta; **14-B:** [...] la última que te doy tampoco es alegre: se acabó la pausa, a trabajar.

Pista 28. Tarea 3, p. 184

15-C: [...] rompiendo así la maldición que parecía pesar sobre sus antecesoras quienes dejaron su vida en el descenso de esta cumbre o en otros ocho miles; **16-B:** [...] la expedición al K2 y todos los problemas que tuve en la bajada; **17-B:** Dentro del CAR, también cuento con la atención médica y de los fisioterapeutas. Esto lo valoro mucho, porque el que te den unas pautas de alimentación y te ayuden cuando tienes cualquier problema de salud no tiene precio; **18-A:** Este es un paso más para conseguir que se hable de alpinismo; **19-C:** [...] me dio una pájara por no haber comido ni bebido nada durante 48 horas; **20-C:** [...] el 17 de abril alcanzas la cima del Annapurna y un mes más tarde coronas el Shisha Pangma.

Pista 29. Tarea 4, p. 185

21-B: *Remitir* = disminuir, parar, dejar de; **22-C:** *Cartelera* = sección del periódico con información sobre espectáculos; **23-A:** *Tiroteo* = intercambio de disparos; **24-B:** *Fichaje* = contrato de un deportista; **25-B:** *Empate* = obtención del mismo número de tantos; **26-C:** *¡Qué va!* expresa negación; **27-A:** Por el contexto se entiende que la persona no está contenta con el resultado; **28-B:** María con esta afirmación (*¡Qué bien juega Felipe!*) indica que Felipe le parece un buen jugador; **29-B:** *Pobre* + sustantivo expresa compasión; **30-B:** *Arrasar* = tener un éxito extraordinario sin obstáculos.